शिक्षा के मनोवैज्ञानिक आधार

शिक्षा के मनोवैज्ञानिक आधार

जगदीश चन्द
सुमन गुप्ता

ANSHAH

Anshah Publishing House

Rs. 395; US$ 20

ISBN: 978-81-8364-066-4

Published in 2010

शिक्षा के मनोवैज्ञानिक आधार

Published by:

ANSHAH PUBLISHING HOUSE
LG 18-19, Pankaj Central Market,
Patparganj, Delhi 110092, Ph.: 22235152, 22236152
Email: info@shiprapublication.com
Website: www.shiprapublication.com

प्राक्कथन

शिक्षा के आधार पुस्तक सर्वप्रथम शिप्रा पब्लिकेशन द्वारा 2008 में प्रकाशित की गई और यह पुस्तक तीन खण्डों में विभाजित है। विद्यार्थी वर्ग की आवश्यकता के मध्य नजर तीन खण्डों पर पृथक-पृथक पाठ्य-पुस्तक छापने का निर्णय लिया गया। आशा है इस प्रयत्न का लाभ उठाया जा सकेगा।

प्रस्तुत पुस्तक में सभी प्रकरणों से सम्बन्धित आधारभूत तथा महत्वपूर्ण सामग्री जो प्रायः मूल स्रोतों तथा दस्तावेजों से ली गई है, को सरल एवम् व्यवहारिक विधि से प्रस्तुत करने का प्रयास किया है। आशा है कि यह विद्यार्थियों की आवश्यकताओं की पूर्ति करेगी।

लेखक उन सभी लेखकों एवम् प्रकाशकों के आभारी हैं जिनके प्रकाशनों ने इस पुस्तक को और उपयोगी बनाने में सहायता की।

विषय-सूची
(Contents)

1

मनोविज्ञान का अर्थ तथा शाखाएँ
(Meaning and Branches of Psychology)

मनोविज्ञान का अर्थ (Meaning of Psychology)

एक स्वतन्त्र विषय के रूप में मनोविज्ञान का अध्ययन लगभग चार सौ वर्ष पूर्व आरम्भ हुआ। इससे पहले इस विषय का अध्ययन मुख्यत: दर्शनशास्त्र के अन्तर्गत किया जाता था। समय के अनुसार मनोविज्ञान के अर्थ, प्रकृति तथा क्षेत्र में अन्तर आता रहा।"

मनोविज्ञान का अर्थ निम्न चार अवस्थाओं में गुजरा है:

मनोविज्ञान के वर्तमान अर्थ के विकास में अवस्थाएँ
(Stages in the Evolution of the Present Meaning of Psychology)

प्रथम अवस्था (First Stage)	**द्वितीय अवस्था** (Second Stage)	**तृतीय अवस्था** (Third Stage)	**चतुर्थ अवस्था** (Fourth Stage)
मनोविज्ञान आत्मा का अध्ययन (Psychology as the Study of Soul)	**मनोविज्ञान मन का अध्ययन** (Psychology as the Study of Mind)	**मनोविज्ञान चेतना का अध्ययन** (Psychology as the Study of Consiousness)	**मनोविज्ञान व्यवहार का अध्ययन** (Psychology as Study of Behaviour)

चित्र 1.1: मनोविज्ञान के वर्तमान अर्थ में विकास की अवस्थाएँ
(Phases in Evolution of the Present Meaning of Psychology)

मनोविज्ञान की अवस्थाएँ तथा समर्थक अथवा प्रवर्त्तक
(Stages of Psychology and Supporter or Promoters)

क्रमांक	विकसित अवस्था	समयावधि	प्रमुख समर्थक
1.	आत्मा का अध्ययन	ईसा पूर्व से सोलहवीं शताब्दी तक	1. सुकरात–Socrates (469-399 BC) 2. प्लेटो–Plato (427-347 BC) 3. अरस्तु–Aristotle (384-422 BC) 4. रेनी देकाते–Rene Descartes (1596-1650 AD)
2.	मन का अध्ययन	सोलहवीं शताब्दी से सत्रहवीं शताब्दी तक	1. थॉमस रीड–Thomas Reid (1770-1796)
3.	चेतना का अध्ययन	सत्रहवीं शताब्दी से उन्नीसवीं शताब्दी तक	1. विलियम वन्ट–William Wount (1832-1920) 2. एडवार्ड ब्रेडफोर्ड टिचनर–Edward Bradford Titchner (1867-1927) 3. विलियम जेम्स–William James (1842-1910)
4.	व्यवहार का अध्ययन	उन्नीसवीं शताब्दी से वर्तमान तक	1. विलियम मकडूगल–William McDougall (1871-1938) 2. जे.बी. वाटसन–J.B. Watson (1878-1958)

मनोविज्ञान के अर्थ की पहली अवस्थाः मनोविज्ञान 'आत्मा का' अध्ययन (Psychology as the Science of Soul)

मनोविज्ञान शब्द अंग्रेजी भाषा के शब्द साइकोलोजी (Psychology) का हिन्दी रूपान्तर है। साइकोलोजी शब्द ग्रीक भाषा के दो शब्दों–साइकी (*Psyche*) तथा लोगोस (*Logos*) से मिलकर बना है। लोगोस का अर्थ होता है–विचार करना, अध्ययन करना आदि। साइको का अर्थ भिन्न-भिन्न समयों पर भिन्न-भिन्न रूपों से जैसे आत्मा आदि से लगाया जाता रहा है। यूनान के प्रसिद्ध विद्वान प्लेटो ने आत्मा को शाश्वत माना। अरस्तु ने आत्मा को ज्ञान का अपार साधन बताया। मनोविज्ञान उस समय दर्शन शास्त्र का ही अंग था। दर्शनशास्त्र से निकट सम्बन्ध के कारण ही 'आत्मा' को मानव जीवन का वास्तविक तत्त्व माना तथा इसके अध्ययन पर बल दिया।

आत्मा के अध्ययन विचार की आलोचना (Criticism of the Soul Meaning)

निम्न कारणों से मनोविज्ञान की इस अवधारणा की आलोचना की गईः

1. *आध्यात्मिक अथवा परा भौतिक अवधारणा* (*Metaphysical Concept*): कहा जाने लगा कि

   (i) आत्मा क्या है?

   (ii) आत्मा का स्वरूप क्या है?

   (iii) आत्मा कहाँ रहती है?

   (iv) आत्मा का जन्म कैसे होता है?

   इस प्रकार की अनेक शंकाएँ तथा आपत्तियाँ उठने लगीं। फलस्वरूप मनोवैज्ञानिकों ने मनोविज्ञान के किसी दूसरे अर्थ की सोच शुरू कर दी।

2. *ब्रहम ज्ञान सम्बन्ध अवधारणा* (Theological Concept): मनोविज्ञान का अर्थ ब्रहम से जुड़ा हुआ माना जाने लगा। क्या यह अवधारणा ब्रह्म ज्ञान से सम्बन्धित है? कहा जाने लगा कि मनोविज्ञान में तो धर्म तथा ईश्वर के सिद्धान्तों की चर्चा है।

3. *काल्पनिक विज्ञान* (*Speculative Science*): आलोचना की जाने लगी

कि आत्मा का अवलोकन नहीं किया जा सकता तथा न ही इस सम्बन्ध में कोई प्रयोग। अत: मनोविज्ञान की 'आत्मा का अध्ययन' के रूप में परिभाषा वैज्ञानिक आधारों पर खरी नहीं उतरती है।

मनोविज्ञान के अर्थ की दूसरी अवस्था : मनोविज्ञान 'मन' का अध्ययन (Psychology as a Science of Mind)

लगभग सोलहवीं शताब्दी तक मनोविज्ञान को आत्मा का अध्ययन माना जाता रहा। इस विचारधारा की आलोचना के परिणामस्वरूप दार्शनिकों ने मनोविज्ञान को 'मन' का अध्ययन कहकर पुकारा। थॉमस रीड (Thomas Reid) ने इस विचारधारा पर बहुत बल दिया। यह अर्थ काफी समय तक प्रचलित रहा।

मन की निम्न विशेषताएँ हैं:

1. मन निरन्तर है।
2. मन क्रियाशील है।
3. मन एक इकाई के रूप में कार्य करता है।
4. मन अमूर्त है।
5. मन का व्यक्ति के 'निजी' विचारों से सम्बन्ध है।

मन संबंधी अर्थ की आलोचना (*Criticism of the Concept Mind*)

मन के बारे में भी निम्न प्रकार की शंकाएँ उत्पन्न होने लगीं:

(i) मन क्या है?
(ii) मन का स्वरूप क्या है?
(iii) मन कहाँ रहता है?
(iv) मन का अध्ययन कैसे किया जा सकता है?
(v) मन निजी है। इस पर प्रयोग कैसे किया जा सकता है?

परिणामस्वरूप 'मन' शब्द भी रहस्य तथा अस्पष्टता के घेरे में आ गया तथा पुनः मनोविज्ञान की परिभाषा की खोज आरम्भ हुई।

मनोविज्ञान के अर्थ में तीसरी अवस्थाः मनोविज्ञान 'चेतना' का अध्ययन (Psychology as the Science of Consciousness)

तृतीय अवस्था में मनोविज्ञान को 'चेतना' (Consciousness) का अध्ययन कहा जाने लगा। इस दिशा में टिचनर तथा विलियम जेम्स ने सराहनीय कार्य किया।

विलियम वन्ट (*William Wundt*)–1832–1920–ने जर्मनी के एक नगर लिपज़िग (Leipig) में सन् 1879 में संसार में सबसे पहली मनोवैज्ञानिक प्रयोगशाला स्थापित की, जहाँ पर उसके शिष्य टिचनर ने महत्त्वपूर्ण कार्य किया।

'चेतना' के समर्थकों ने इस बात पर बल दिया कि मनोविज्ञान 'चेतना' की अवस्था (State of Consiousness) का वर्णन तथा व्याख्या करता है।

'चेतना' के सन्दर्भ में आलोचना (Criticism of the Concept of Consciousness)

1. *व्यवहार के एक ही पक्ष पर बल*: इस अर्थ में व्यवहार के केवल एक ही पक्ष अर्थात् चेतन व्यवहार (Conscious Behaviour) को मनोविज्ञान का अध्ययन विषय माना गया है। चेतन के दो अन्य पक्षों 'अचेतन' (unconscious) तथा अर्धचेतन (Semi-conscious) व्यवहार की पूर्णतया उपेक्षा की गई है। इस सन्दर्भ में फ्रायड (Freud) के विचार बहुत महत्त्वपूर्ण हैं। उन्होंने कहा कि चेतन व्यवहार हमारे सम्पूर्ण व्यवहार का केवल दसवां भाग ही हैं। अत: चेतना के सन्दर्भ में मनोविज्ञान हमारे व्यवहार को बहुत सीमित कर देता है।

2. *केवल मानव व्यवहार का अध्ययन*: इस परिभाषा में केवल मानव व्यवहार पर ही बल दिया गया है। इसमें जीव-जन्तु तथा अन्य सजीव प्राणियों के व्यवहार का अध्ययन शामिल नहीं है। अत: मनोविज्ञान का यह अर्थ अधूरा है।

3. *अन्त:दर्शन विधि की सीमाएँ*: चेतन व्यवहार के अध्ययन में प्रयुक्त की जाने वाली अन्त:दर्शन (Introspection) विधि की अनेक सीमाएँ हैं। इस प्रकार की विधि में वस्तुनिष्ठता (Objectivity) तथा वैद्यता (Validity) का अभाव है। यह विधि विश्वसनीय नहीं है।

1.4 मनोविज्ञान के अर्थ की चौथी अवस्था: मनोविज्ञान 'व्यवहार' का अध्ययन (Fourth Stage in the Definition of Psychology: Psychology as the Study of 'Behaviour')

1. इस दिशा में सबसे पहले विलियम मकडूगल ने 1905 में प्रकाशित अपनी पुस्तक '*Physiological Psychology*' में लिखा, "मनोविज्ञान की सबसे अच्छी और विस्तृत परिभाषा उसे सजीव प्राणियों के व्यवहार के सकारात्मक विज्ञान (Positive Science of the Conduct of Living Creatures) के रूप में समझने के द्वारा की जा सकती है।" आगे चलकर 1908 में अपनी प्रकाशित पुस्तक '*Introduction to Social Psychology*' में 'व्यवहार' शब्द का प्रयोग किया। इसके उपरान्त उन्होंने अपनी पुस्तक '*An Outline of Psychology*' में मनोविज्ञान की अपनी अन्तिम परिभाषा इस प्रकार दी है:

> "मनोविज्ञान एक विज्ञान है जिसका उद्देश्य सभी प्रकार से किसी प्राणी के व्यवहार को नियन्त्रण करने तथा उसे अच्छी तरह समझने में सहायता प्रदान करना है।"
> ("Psychology is a science which aims to give us better understanding and control of the behaviour of the organism as a whole.")

2. सन् 1911 में अमेरिका में *फ्रो वाल्टर बोअर्स फिल्सबरी* (Walter Bowers Philsbury) ने '*Essentials of Psychology*' पुस्तक प्रकाशित की। इस पुस्तक में मनोविज्ञान को इस प्रकार परिभाषित किया गया, "मनोविज्ञान को अत्यधिक संतोषजनक रूप में मानव व्यवहार के विज्ञान के रूप में परिभाषित किया जा सकता है।" (Psychology may be most satisfactorily defined as the science of human behaviour).

3. 1913 में व्यवहारवादी (Behaviourism) विचारधारा के जनक *जी.वी. वाटसन* ने 'व्यवहार' शब्द को अधिक विस्तृत किया। वाटसन ने लिखा है, "मनोविज्ञान व्यवहार का सकारात्मक विज्ञान है।" "Psychology is the positive science of behaviour."

तत् पश्चात् अनेक लेखकों ने व्यवहार के सन्दर्भ में मनोविज्ञान की परिभाषाएँ दी हैं। कुछ विद्वानों की परिभाषाएँ निम्नलिखित हैं:

4. *वारेन* (*Warren*): "मनोविज्ञान वह विज्ञान है जो जीवधारी तथा वातावरण की अन्त:क्रिया से सम्बन्धित है।"

5. *मन* (*Munn*): "मनोविज्ञान का सम्बन्ध व्यवहार की वैज्ञानिक खोज से है।"

6. *सी.ई. स्किनर* (*C.E. Skinner*): "मनोविज्ञान जीवन द्वारा प्रस्तुत विभिन्न परिस्थितियों में व्यवहार का अध्ययन है। अनुक्रियाओं अथवा व्यवहार का अर्थ प्राणी की सभी प्रकार की क्रियाएँ, समायोजन तथा अभिव्यक्ति है।"

7. *जेम्स ड्रेवर* (*James Drever*): "मनोविज्ञान वह विधायक मनोविज्ञान है जो मनुष्य तथा पशु के व्यवहार का अध्ययन करता है। जहाँ तक व्यवहार का अर्थ है–यह व्यवहार अन्तर्जगत के मनोभावों एवं विचारों की अभिव्यक्ति है जिसको हम मानसिक जीवन कहते हैं।"

8. *क्रो व क्रो* (*Crow and Crow*): "मनोविज्ञान मानव व्यवहार एवं मानव सम्बन्धों का अध्ययन है।"

9. *वुडवर्थ* (*Woodworth*): "मनोविज्ञान व्यक्तित्व के क्रियाकलापों का उसके परिवेश के सन्दर्भ में किया जाने वाला अध्ययन है।"

मनोविज्ञान के बदलते हुए अर्थ तथा परिभाषा के बदलते चोले के बारे में टिप्पणी करते हुए वुडवर्थ (*Woodworth*) ने लिखा है, "सर्वप्रथम मनोविज्ञान ने अपनी 'आत्मा' का परित्याग किया, तब 'मन' और फिर 'चेतना' को त्याग दिया, इसका सम्बन्ध अब भी व्यवहार से किसी प्रकार बना हुआ है। (First psychology lost its soul, then its mind, then its consciousness, it still has behaviour of a sort.)"

उपसंहारः सबसे उत्तम अर्थ तथा परिभाषा

मनोविज्ञान की व्यवहार के सन्दर्भ में परिभाषा को अभी तक सबसे उत्तम माना गया है। इसी सन्दर्भ में व्यवहार के अर्थ को भी समझना आवश्यक है।

1. वुडवर्थ के विचार में–"जीवन की कोई भी अभिव्यक्ति एक क्रिया है। व्यवहार शब्द केवल चलने, तैरने, नाचने आदि तक सीमित नहीं है, इसमें सोचना, विचारना, कल्पना करना आदि मस्तिष्क सम्बन्धी क्रियाएँ आदि भी शामिल हैं। प्रसन्न होना, क्रोधित होना तथा उदास होना आदि क्रियाएँ भी व्यवहार के अन्तर्गत आ जाती हैं।"

2. मानव के चेतन, अचेतन तथा अर्धचेतन–सभी रूप व्यवहार को प्रभावित करते हैं।

3. मनोविज्ञान में सभी जीवधारियों के व्यवहार का अध्ययन किया जाता है।

इस प्रकार व्यवहार शब्द अपने आप में बहुत व्यापक है। अतः मनोविज्ञान को इस प्रकार परिभाषित किया जा सकता है–''मनोविज्ञान एक ऐसा विकासशील सकारात्मक विज्ञान है जिसके अन्तर्गत किसी भी जीवधारी के व्यवहार का अध्ययन उसके परिवेश के सन्दर्भ में किया जाता है।'' (Psychology is a developing positive science which studies the behaviour of a living organism in relation to his environment.)

1.5 मनोविज्ञान की प्रकृति (Nature of Psychology)

मनोविज्ञान एक विकासशील विज्ञान है। इसमें विज्ञान के अनेक गुण विद्यमान हैं जिनके कारण इसे विज्ञान की संज्ञा दी जाती है।

सामान्य रीति से विज्ञान उस ज्ञान को कहते हैं, जिसमें निम्नलिखित लक्षण पाए जाते हैं:

1. विज्ञान सार्वभौमिक होता है।
2. विज्ञान के सिद्धान्त निश्चित अथवा स्पष्ट होते हैं।
3. विज्ञान में वास्तविकता, यथार्थता तथा सहीपन पर बल रहता है।
4. विज्ञान में साधारण तथ्यों का निरीक्षण एवं विश्लेषण करके एक सामान्य सिद्धान्त की स्थापना की जाती है।

ये सभी लक्षण बड़ी मात्रा में मनोविज्ञान विषय में मिलते हैं।

मनोविज्ञान का सम्बन्ध मुख्यतः मनुष्यों से होता है जिसका व्यवहार गतिशील और परिवर्तनशील है। अतः इसका अध्ययन पूर्णतया वैज्ञानिक ढंग से उतना सही और निष्पक्ष नहीं हो पाता जितना कि अन्य विज्ञानों में अध्ययन किए जा रहे विभिन्न पदार्थों का हो सकता है।

1.6 मनोविज्ञान का कार्यक्षेत्र तथा उद्देश्य (Subject Matter of Psychology and its Objectives)

मनोविज्ञान का कार्यक्षेत्र व्यवहार है तथा इसके विभिन्न पक्ष हैं।

मनोविज्ञान के निम्नलिखित उद्देश्य हैं:

1. व्यवहार को जानना अर्थात् अध्ययन करना।
2. व्यवहार का वर्णन करना।
3. मानवीय व्यवहार की भविष्यवाणी करना।
4. मानवीय व्यवहार पर नियन्त्रण करना।
5. मानवीय व्यवहार का परिष्कार करना।

1.7 मनोविज्ञान की शाखाओं का वर्गीकरण (Classification of Branches of Psychology)

मनोविज्ञान की शाखाओं का वर्गीकरण–I (Classification of Types of Psychology–I)

- (1) सामान्य मनोविज्ञान (Normal or General Psychology)
- (2) असामान्य मनोविज्ञान (Abnormal Psychology)

मनोविज्ञान की शाखाओं का वर्गीकरण–II (Classification of Types of Psychology–II)

- (1) मानव मनोविज्ञान (Human Psychology)
  - बाल मनोविज्ञान (Child Psychology)
  - किशोर मनोविज्ञान (Adolescence Psychology)
  - प्रौढ़ मनोविज्ञान (Adult Psychology)
- (2) पशु मनोविज्ञान (Animal Psychology)

मनोविज्ञान की शाखाओं का वर्गीकरण–III
(Classification of Types of Psychology–III)

- (1) व्यक्तिगत मनोविज्ञान (Individual Psychology)
- (2) सामाजिक मनोविज्ञान (Social Psychology)

मनोविज्ञान की शाखाओं का वर्गीकरण–IV
(Classification of Types of Psychology–IV)

- (1) सिद्धान्तक मनोविज्ञान (Pure Psychology)
- (2) व्यावहारिक मनोविज्ञान (Applied Psychology)
  - (1) शिक्षा मनोविज्ञान (Educational Psychology)
  - (2) औद्योगिक मनोविज्ञान (Industrial Psychology)
  - (3) अपराधमूलक मनोविज्ञान (Criminal Psychology)
  - (4) औपचारिक अथवा चिकित्सात्मक मनोविज्ञान (Clinical Psychology
  - (5) सेना मनोविज्ञान (Military Psychology)

मनोविज्ञान की शाखाओं का वर्गीकरण–V
(Classification of Branches of Psychology–V)

- (1) सिद्धान्तक मनोविज्ञान (Pure Psychology)
- (2) प्रयोगात्मक मनोविज्ञान (Experimental Psychology)

मनोविज्ञान की शाखाओं का वर्गीकरण–VI
(Classification of Branches of Psychology–VI)

(1) व्यक्तिगत मनोविज्ञान (Individual Psychology)

(2) समूह मनोविज्ञान (Group Psychology)

मनोविज्ञान की शाखाओं का मिश्रित वर्गीकरण–VII
(Classifcation of Miscellaneous Branches Psychology–VII)

(1) पैरा मनोविज्ञान (Para Psychology)

(2) प्रयोगात्मक मनोविज्ञान (Physiological Psychology)

1.8 अमेरिकन मनोवैज्ञानिक परिषद द्वारा बनायी गई मनोविज्ञान की शाखाएँ अथवा क्षेत्र (American Psychological Association–APA, 1998 on the Fields and Branches of Psychology)

1. सामान्य मनोविज्ञान (General Psychology)
2. मनोविज्ञान अध्यापन (Teaching of Psychology)
3. प्रायोगिक मनोविज्ञान (Experimental Psychology)
4. व्यवहार स्नायुविज्ञान तथा तुलनात्मक मनोविज्ञान (Behavioural Neuroscience and Comparative Psychology)
5. विकासात्मक मनोविज्ञान (Developmental Psychology)
6. मनोविज्ञान तथा कला (Psychology and Arts)
7. नैदानिक मनोविज्ञान (Clinical Psychology)
8. परामर्श मनोविज्ञान (Consulting Psychology)
9. औद्योगिक मनोविज्ञान तथा संगठनात्मक मनोविज्ञान (Industrial and Organizational Psychology)

10. शिक्षा मनोविज्ञान (Educational Psychology)
11. विद्यालय मनोविज्ञान (School Psychology)
12. निर्देशन मनोविज्ञान (Guidance Psychology)
13. सैन्य मनोविज्ञान (Military Psychology)
14. पुनर्वास मनोविज्ञान (Rehabilitation Psychology)
15. उपभोक्ता मनोविज्ञान (Consumer Psychology)
16. सैद्धान्तिक एवं दार्शनिक मनोविज्ञान (Theoretical and Philosophical Psychology)
17. व्यवहार का प्रायोगिक विश्लेषण (Experimental Analysis of Behaviour)
18. मनोविज्ञान का इतिहास (History of Psychology)
19. मनोनिदान (Psychotheraphy)
20. मनोविज्ञान सम्मोहन (Psychological Hypnosis)
21. मानवीय मनोविज्ञान (Humanistic Psychology)
22. मानसिक मंदन तथा विकासात्मक दुर्बलताएँ (Mental Retardation and Developmental Disabilities)
23. जनसंख्या तथा पर्यावरण मनोविज्ञान (Population and Environmental Psychology)
24. महिला मनोविज्ञान (Psychology of Women)
25. धर्म मनोविज्ञान (Psychology of Religion)
26. स्वास्थ्य मनोविज्ञान (Health Psychology)
27. मनोविश्लेषण (Psychoanalysis)
28. नैदानिक स्नायुविक मनोविज्ञान (Clinical Neuropsychology)
29. परिवार मनोविज्ञान (Family Psychology)
30. समाचार साधन मनोविज्ञान (Media Psychology)
31. व्यायाम तथा खेल मनोविज्ञान (Exercise and Sport Psychology)
32. शान्ति मनोविज्ञान (Peace Psychology)

33. समूह मनोविज्ञान तथा समूह मनोपचार (Group Psychology and Group Psychotherapy)

34. व्यसनी व्यवहार मनोविज्ञान (Psychology of Additive Behaviour)

मनोविज्ञान की शाखाओं का संक्षेप में विवरण (A Brief Description of Some Branches of Psychology)

1. *सामान्य मनोविज्ञान* (*Normal or General Psychology*): किसी भी विज्ञान का अध्ययन करने से पूर्व उस विज्ञान के मूल सिद्धान्तों का अध्ययन करना आवश्यक है। इस शाखा में सामान्य परिस्थिति का अध्ययन किया जाता है। इस शाखा में संवेदना (Sensation), प्रत्यक्षीकरण (Perception), स्मृति (Memory), कल्पना (Imagination) तथा चिन्तन (thinking) आदि मानसिक प्रक्रियाओं (Mental Processes) आदि का अध्ययन किया जाता है। इस विज्ञान में प्रयुक्त किए जाने वाले समस्त परिभाषिक शब्दों को स्पष्ट किया जाता है।

2. *शिक्षा मनोविज्ञान* (*Educational Psychology*): शिक्षा मनोविज्ञान में सीखने की प्रक्रिया का अध्ययन किया जाता है। छात्रों का सीखने की प्रक्रिया में उनका व्यवहार कैसा है? उसमें किस प्रकार परिवर्तन लाया जा सकता है? छात्रों की रुचि तथा क्षमताएँ किस प्रकार की हैं। व्यक्तिगत विभिन्नताएँ किस प्रकार की हैं? छात्रों को शिक्षण अधिगम प्रक्रिया में किस प्रकार प्रेरित किया जा सकता है–आदि बातों का शिक्षा मनोविज्ञान में अध्ययन किया जाता है। मनोविज्ञान की इस शाखा पर अलग से विस्तृत विवेचन किया गया है।

3. *बाल मनोविज्ञान* (*Child Psychology*): वर्तमान में बाल मनोविज्ञान को बहुत महत्त्वपूर्ण माना जाता है। बालकों का विकास किस प्रकार होता है। इसका अध्ययन हम इसमें करते हैं।

4. *प्रयोगात्मक मनोविज्ञान* (*Experimental Psychology*): इस विज्ञान में प्रयोगों द्वारा मानसिक क्रियाओं तथा व्यवहारों का अध्ययन किया जाता है। प्रयोग प्राय: विशिष्ट प्रयोगशालाओं या नियमित स्थितियों में किए जाते हैं। ध्यान (Attention), सीखना (Learning) तथा स्मृति (Memory) आदि मानसिक क्रियाओं के समझने में प्रयोगात्मक विज्ञान ने बड़ा योगदान दिया है।

5. *किशोर मनोविज्ञान* (*Adolescence Psychology*): मनोविज्ञान की इस शाखा में किशोर अवस्था की शारीरिक (Physical), मानसिक (Mental), संवेगात्मक (Emotional) तथा सामाजिक (Social) समस्याओं पर चर्चा की गई है तथा प्रकाश डाला गया है कि किस प्रकार इनका समाधान करके किशोरों का विकास किया

जा सकता है। इस अवस्था में कामभावना (Sex) जागृत होती है जो अनेक समस्याओं को जन्म देती है। इस विषय पर प्रकाश डाला गया है।

6. *समाज विज्ञान* (*Social Psychology*): समाज में व्यक्ति का अपना अलग व्यवहार होता है। व्यक्ति जिस प्रकार से अकेले व्यवहार करता है, वह उसी प्रकार से समाज में व्यवहार नहीं करता है। समाज में मन को प्रभावित करने वाले विशेष तत्त्व रहते हैं। इन सबका सामाजिक मनोविज्ञान में अध्ययन किया जाता है।

7. *शारीरिक मनोविज्ञान* (*Physiological Psychology*): शारीरिक मनोविज्ञान में हम उन शारीरिक क्रियाओं का अध्ययन करते हैं जिनका प्रभाव हमारी मानसिक क्रियाओं पर पड़ता है। इस मनोविज्ञान के प्रमुख विषय हैं–नाड़ी तन्त्र, मांसपेशियाँ, ज्ञानेन्द्रियाँ तथा ग्रन्थियाँ आदि।

8. *प्रौढ़ मनोविज्ञान* (*Adult Psychology*): प्रौढ़ों का मन बालकों तथा किशोरों के मन से भिन्न होता है। उनके विचारों तथा संवेगों में परिपक्वता (Maturity) आ जाती है। प्रौढ़ों के मानसिक विकास का अध्ययन प्रौढ़ मनोविज्ञान में किया जाता है। भारत में अभी भी लगभग एक तिहाई प्रौढ़ जनसंख्या निरक्षर है। प्रौढ़ शिक्षा कार्यक्रम की सफलता के लिए आवश्यक है कि यह कार्यक्रम प्रौढ़-मनोविज्ञान के सिद्धान्तों के अनुसार हो।

9. *असाधारण मनोविज्ञान* (*Abnormal Psychology*): मनोविज्ञान की इस शाखा में मानव-मन की असाधारण अवस्थाओं का अध्ययन किया जाता है। प्रमुख विषय इसके अन्तर्गत आते हैं–भावना ग्रन्थियाँ (complexes), मानसिक रोग (Mental Diseases) तथा दिवा स्वप्न (Day Dreaming) आदि। इस अध्ययन में व्यक्ति के असमान्य व्यवहारों का अध्ययन किया जाता है।

10. *पशु विज्ञान* (*Animal Psychology*): इसमें पशुओं के व्यवहार का अध्ययन किया जाता है। अनेक प्रयोग पशुओं पर किए गए हैं जिनसे मानव व्यवहार को समझने के लिए पशुविज्ञान उपयोगी सिद्ध हुआ है।

11. *व्यवहार मनोविज्ञान* (*Applied Psychology*): मनोविज्ञान के सामान्य सिद्धान्तों का प्रयोग हम जीवन के विभिन्न क्षेत्रों में करते हैं और इन्हीं सिद्धान्तों का अध्ययन हम व्यवहार मनोविज्ञान में करते हैं। यह मनोविज्ञान तेजी से विकास कर रहा है। इस मनोविज्ञान की निम्नलिखित शाखाएँ हैं जिनका विवरण हमने अलग से किया है:

(i) शिक्षा मनोविज्ञान, (ii) उपचारिक मनोविज्ञान (Clinical Psychology), (iii) औद्योगिक मनोविज्ञान (Industrial Psychology), (iv) अपराध मनोविज्ञान (Criminal Psychology), (v) सैनिक मनोविज्ञान (Military Psychology)।

12. *उपचारिक मनोविज्ञान* (*Clinical Psychology*): वर्तमान काल में सामाजिक वातावराण बड़ा जटिल, संवेदनशील तथा दूषित होता जा रहा है। इस प्रकार के वातावरण में अनेक व्यक्ति अपने आपको समंजन (Adjustment) करने में अयोग्य अथवा असमर्थ अनुभव करते हैं। वे कई ऐसे रोगों से ग्रस्त हो जाते हैं जिनका सम्बन्ध मन से होता है। इन रोगों का उपचार करने में प्राय: शरीर रोगों के डॉक्टर असमर्थ होते हैं। इन मानसिक रोगों का उपचार करना उपचारिक मनोविज्ञान का कार्य से है। इसमें हम मनोविश्लेषण (Psycho-analysis) को क्रिया रूप में देखते हैं। इस शाखा के प्रवर्तकों में सिग्मण्ड फ्रायड (Sigmund Freud–1839-1939) का नाम अग्रणीय है। फ्रायड तथा उसके अनुयायियों ने चार मुख्य विधियों का विकास किया है–स्वप्न विश्लेषण (Dream Analysis), सम्मोहन (Hypnosis), शब्द सहचर्य निर्धारण (Word Association) तथा निर्मुक्त वार्ता (Free Talking)।

13. *औद्योगिक मनोविज्ञान*(*Industrial Psychology*): इस शाखा में मनोविज्ञान के मूल सिद्धान्तों को उद्योग में व्यवहृत किया जाता है। उद्योग-धन्धों ने समाज में अनेक समस्याएँ खड़ी कर दी हैं। आए दिन हड़ताल तथा तालाबन्दी (Lockout) सुनाई पड़ते हैं। इन औद्योगिक संघर्षों के निदान एवं उगचार सम्बन्धी विषयों का अध्ययन औद्योगिक मनोविज्ञान में किया जाता है। इसके अतिरिक्त औद्योगिक मनोविज्ञान में कार्यकर्ताओं के चुनाव, प्रशिक्षण तथा कुशलता से सम्बन्धित समस्याओं का अध्ययन किया जाता है।

14. *सेना मनोविज्ञान* (*Military Psychology*): इस में युद्ध तथा इससे सम्बन्धित समस्याओं का विवेचन किया जाता है।

15. *अपराध मनोविज्ञान* (*Criminal Psychology*): ज्यों-ज्यों समाज विभिन्न क्षेत्रों में विकास करता जा रहा है, त्यूँ-त्यूँ विभिन्न प्रकार के अपराध दृष्टिगोचर हो रहे हैं। इन सब समस्याओं का अध्ययन अपराध मनोविज्ञान में किया जाता है।

16. *पैरा अथवा परा मनोविज्ञान* (*Para Psychology*): यद्यपि यह मनोविज्ञान बहुत पुरातन है परन्तु आजकल वर्तमान में इसे नए ढंग से देखा जा रहा है। इस

कारण इसे नवीनतम मनोविज्ञान कहा जाता है। इसमें ज्ञानेन्द्रियों से परे की अनुभूतियों तथा टैलीपैथी का अध्ययन किया जाता है। इसमें मन की परा-शक्ति (Super-conscious Mind) का अध्ययन केन्द्र बिन्दु है।

17. *व्यक्तिगत मनोविज्ञान अथवा भिन्नात्मक मनोविज्ञान (Individual Psychology or Differential Psychology)*: माना जाना है कि कोई भी व्यक्ति दूसरे से मेल नहीं खाता। विभिन्न व्यक्तियों में विद्यमान रुचियाँ तथा मानसिक आदि दृष्टिकोण अलग-अलग होते हैं। व्यक्तिगत मनोविज्ञान इस प्रकार की व्यक्तिगत भिन्नता का अध्ययन करता है।

प्राचीन भारतीय मनोविज्ञान (Ancient Indian Psychology)

इसमें कोई सन्देह नहीं कि भारतीय मनोविज्ञान एक सबल शास्त्र है। भारतीय मनोविज्ञान बहुत प्राचीन मनोविज्ञान है। यह वैदिक काल के समय भी सुदृढ़ था। डॉ. इन्द्रसेन, श्री अरविन्द आश्रम, पांडिचेरी ने भारतीय मनोविज्ञान के महत्त्व पर इस प्रकार प्रकाश डाला है, "इसने भारतीय मानव का भारतीय जीवन तथा संस्कृति का बड़ा सुन्दर पथ-प्रदर्शन किया है। प्रत्येक धर्म तथा सम्प्रदाय ने अपनी विशिष्टता मनोविज्ञान में प्रदर्शित की है।"

भारतीय मनोविज्ञान और आधुनिक मनोविज्ञान मूलतः एक दूसरे के पूरक हैं। पश्चिम बर्हिमुख मान में प्रबल है। पूर्व का बल व्यक्ति के आन्तरिक विकास पर अधिक रहा है।

व्यक्ति के समग्र विकास के लिए आन्तरिक तथा बाह्य विकास का घनिष्ठ सम्बन्ध है।

भारतीय मनोविज्ञान के अनुसार मानवीय व्यक्तित्व बना है, शरीर, प्राण, मन और आत्मा का।

डॉ. सीताराम जायसवाल ने '*भारतीय मनोविज्ञान और शिक्षा*' पुस्तक में बहुत ही सरल परन्तु प्रभावशाली ढंग से भारतीय मनोविज्ञान और शिक्षा के विभिन्न पक्षों पर प्रकाश डाला है।

श्री जायसवाल ने भारतीय मनोविज्ञान की अवधारणा की निम्न विशेषताएँ दर्शायी हैं:

1. भारतीय मनोविज्ञान आत्मा को स्वयं सिद्धि (Self-realisation) प्राप्त करने का मार्ग दर्शाता है।
2. मनुष्य आध्यात्मिक प्रवृत्ति का है।
3. दर्शन ही जीवन है।
4. जीवन के दो पक्षों अन्तः और बाह्य में से अन्तः की प्रधानता है।
5. भारतीय मनोविज्ञान चेतना का विज्ञान है।
6. भारतीय मनोविज्ञान चेतना के विभिन्न स्तरों का अėययन स्थूल से सूक्ष्म की ओर अग्रसर होने में सहायता देता है।
7. जब हम बुद्धि के स्वरूप का अध्ययन करते हैं, तब हमें ज्ञात होता है कि भारतीय मनोविज्ञान में सत्य और यथार्थ पर कितना बल दिया गया है।
8. भारतीय मनोविज्ञान इस बात पर बल देता है कि जब व्यक्ति काम, क्रोध और लोभ के वश में होता है, तब उसकी बुद्धि अधोगामी बन जाती है। इसके विपरीत जो व्यक्ति निर्मल मन से सत्य और प्रेम का अनुसरण करता है, उसकी बुद्धि ऊर्ध्वगामी बन कर प्रज्ञा का रूप धारण कर लेती है।
9. शरीर के विभिन्न अंगों, इन्द्रियों, मन आदि का वर्णन निम्नलिखित क्रम से भारतीय मनोविज्ञान करता है :

   (1) शरीर (व्यक्ति), (2) इन्द्रिय अंग, अवयव, (3) प्राण, उपप्राण, (4) कर्म-इन्द्रियाँ, (5) ज्ञान-इन्द्रियाँ, (6) मन, अहंकार, (7) धारणा-चिन्तन शक्ति, (8) बुद्धि, मति, मेधा, (9) शरीर का अधिष्ठाता, (10) जीव आत्मा।

8. भारतीय चिन्तन समस्त प्राणी-जगत के विषय में जब कल्पना करता है, तब शरीर के सात प्रकारों का उल्लेख किया जाता है, जो निम्नलिखित हैं–

   1. स्थूल और भौतिक शरीर (Physical Body), 2. भाव या आकाशीय शरीर (Etheric Body), 3. सूक्ष्म शरीर (Astriol Body), 4. मनस्

शरीर (Mental Body), 5. आत्मिक शरीर (Spiritual Body), 6. ब्रह्म शरीर (Organic Body), 7. निर्वाण शरीर (Bodyless Body)

भारतीय मनोविज्ञान तथा पश्चिमी मनोविज्ञान में मूल अन्तर

1. भारतीय मनोविज्ञान व्यक्ति के आन्तरिक विकास पर बल देता है परन्तु पश्चिमी मनोविज्ञान बाह्य जीवन के विकास पर।
2. भारतीय मनोविज्ञान के अनुसार योग साधना के द्वारा परकाया-प्रवेश की शक्ति प्राप्त होती है परन्तु पश्चिमी मनोविज्ञान इसे स्वीकार नहीं करता।

भारतीय मनोविज्ञान का वैदिक आधार तथा तत्त्व (Vedic Basis and Elements of Indian Psychology)

भारतीय मनोविज्ञान का मूलाधार वेदों में है। इसका सम्बन्ध अन्य चिन्तन-धाराओं से भी है। अतः यह अपेक्षित है कि हम भारतीय मनोविज्ञान को विभिन्न भारतीय चिन्तन-धाराओं के परिप्रेक्ष्य में देखें। मनोविज्ञान, जिसे कि भारत में अध्यात्म-विद्या भी कहा जाता है, आध्यात्मिक विकास तथा दिव्य जीवन व्यतीत करने का सशक्त साधन है। इस स्थल पर यह उल्लेखनीय है कि दर्शन 'क्या' और 'क्यों' आदि प्रश्न का उत्तर देता है। मानव क्या है, जीवन क्या है, जगत् क्यों है, प्रकृति क्या है, आत्मा क्या है? आदि प्रश्नों का समाधान दर्शन में मिलता है। दूसरे शब्दों में, दर्शन साध्य पर प्रकाश डालता है और मनोविज्ञान साधन पर। 'आत्मा' की उपलब्धि कैसे हो, यह मनोविज्ञान का विषय है। भारतीय मनोविज्ञान में, विशेषकर राजयोग आधारित मनोविज्ञान में उन उपायों की चर्चा है जो 'पुरुष', 'शिव' तथा 'जीव' का योग कराते हैं। इस प्रकार भारतीय मनोविज्ञान का दार्शनिक आधार साध्य-साधन को स्पष्ट करता है।

अब हम भारतीय मनोविज्ञान के वैदिक आधार को लें।

वेदों में 'आत्मा' शब्द के प्रायः दो अर्थ हैं। इसका एक अर्थ शरीर की जीवन-शक्ति का सूचक है और दूसरे अर्थ में सम्पूर्ण व्यक्ति तथा उसके शरीर,

इन्द्रियाँ, मन, अवयव तथा वाणी ग्रहण किया जाता है। आत्मा शब्द वैदिक भाषा में 'अहं' के वाचक के रूप में रूढ़ है। ऋग्वेद में वायु और प्राणतत्त्व को एक ही माना गया है और इसीलिए वायु द्वारा आत्मा का निर्देश किया गया है। ऋग्वेद में 'आत्मन्' या 'तमन्' शब्द 'स्वयं' या 'खुद' जैसे निजवाचक सर्वनाम के अर्थ में बार-बार आया है, यह आत्मा का तीसरा अर्थ है।

कहना न होगा कि आत्मा की अमरता तथा पुनर्जन्म में विश्वास वैदिक दार्शनिक चिन्तन की एक महत्त्वपूर्ण देन है। मनोविज्ञान के विकास में जिस 'आत्मा' के स्वरूप को स्पष्ट करने के लिए प्रयास किया गया वह अपने मूल में जीवन-शक्ति प्राण (श्वास) का द्योतक है। फ्रेजर के 'गोल्डन बाऊ' में भी ऐसे आदिम विश्वासों का उल्लेख है जिसमें आत्मा को एक ऐसा तत्त्व मानते हैं जो जन्म के पूर्व तथा मृत्यु के पश्चात् उपस्थित रहता है और श्वास के रूप में नवजात के शरीर में प्रवेश करता है और मृत्यु के उपरान्त उस शरीर को छोड़ देता है।

इस प्रकार भारतीय मनोविज्ञान जिस 'आत्मा' की उपलब्धि अथवा 'आत्मसिद्धि' का साधन है, उसका प्रथम उल्लेख हमें इसके वैदिक आधार में मिलता है। उपनिषदों में 'आत्मा' के स्वरूप पर गहराई से विचार किया गया है। फिर भी हमें यह मानना होगा कि भारतीय मनोविज्ञान में वे तत्त्व हैं, जिनका वेदों से सम्बन्ध है।

भारतीय मनोविज्ञान का उपनिषदीय आधार (Upanishads as the Basis of Indian Psychology)

उपनिषदों में आत्मा सम्बन्धी विचारों से यह ज्ञात होता है कि आत्मा ही सब कुछ है और जगत् तथा मानव उसी आत्मा से उत्पन्न हुए हैं तथा वे उसी के विभिन्न रूप हैं। इस प्रकार का जीवन और जगत् के प्रति दृष्टिकोण मानव-व्यवहार को प्रभावित करता था और उसके फलस्वरूप व्यक्ति के व्यक्तित्व में वह प्रौढ़ता तथा एकता होती थी, जो आजकल प्रायः दिखाई नहीं देती। औपनिषद् मन विराट् का अंश था और इसी के फलस्वरूप व्यक्ति की मनोवैज्ञानिक रचना में भी समता और एकता की प्रधानता थी।

संक्षेप में उपनिषदों में मनोविज्ञान के तत्त्व निम्नलिखित हैं:

1. सब शक्तियों के मूल में एक ही सत् अक्षर तत्त्व है। विश्व उससे भिन्न नहीं है। विश्व इसी में विलीन होता है। नाम, रूप (आकार) तथा कर्म यही विश्व का स्वरूप है। इसकी एकता ही वास्तव में आत्मा है।
2. आत्मा वह है, जिससे सब कर्मों का उत्थान होता है। आत्मा ही सबको प्रेरित करने वाली शक्ति है। मानव के मन तथा इन्द्रियों को वही प्रेरणा देती है।
3. विश्व के वैचित्र्य में भी एक सुसंगति दिखाई देती है। उसमें वस्तुएँ एक-दूसरे पर निर्भर रहती हैं। इसका कारण सबका नियन्त्रण करने वाली शक्ति की एकता में ही मिल सकता है।
4. सूर्य, चन्द्र, तारे, पर्जन्य, पृथ्वी, वायु आदि अचेतन वस्तुओं अथवा वनस्पति, प्राणी, पशु तथा मनुष्य चेतन वस्तुओं में उसी एक अन्तर्यामी का निवास है, वही प्रत्येक वस्तु को नियन्त्रित करता है।
5. भोक्ता तथा भोग्य का भेद स्वयं निर्मित है।
6. जनक शक्ति मिथुनात्मक है। स्त्री तथा पुरुष का मिथुन ही जनक आत्मा है। आत्मा का जनन करने वाला स्वरूप मिथुन रूप ही है।
7. विश्वात्मा ही मनुष्य से विकसित हुआ है। मनुष्य ही धर्म तथा नैतिक कर्त्तव्यों का अधिष्ठान है। सब कर्त्तव्य उसके लिए ही निर्मित किए गए हैं।
8. ज्ञानेन्द्रियाँ, कर्मेन्द्रियाँ, प्राण, मन तथा समूचा शरीर उसी प्राज्ञ आत्मा के आविष्कार हैं। वही जागृति, स्वप्न तथा सुषुप्ति तीनों अवस्थाओं के रूप धारण करता है।
9. वह आत्मा अवस्थात्रय से और सब कर्मों से अलिप्त एवं असंग है। वह अज, अमर तथा अजर है। वह विश्वातीत है। सम्पूर्णता ही उसका लक्षण है।
10. आत्मा द्वैत रहित स्वयंसिद्ध द्रष्टा है। यही स्वरूप मोक्ष का सहायक है। आत्मा का स्वभाव है सर्वतन्त्र स्वतन्त्रता तथा पूर्णता।

भगवद् गीता में मनोविज्ञान के तत्त्व (Elements of Psychology in the Bhagvad Gita)

गीता में इन्द्रियों, मन, बुद्धि आदि का विस्तृत वर्णन है। स्थित प्रज्ञ के बारे में गीता में सुन्दर विवरण है।

व्यक्तित्व के प्रकार—व्यक्तित्व के तीन गुण : सत्व, रजस् तथा तमसः स्थित प्रज्ञ व्यक्तित्व

यक्ति जो कुछ भी करता है वह सत्व, रजस् और तमस् गुणों से प्रभावित होता है। किसी कार्य में सत्व गुण की, किसी में रजोगुण की और किसी में तमोगुण की प्रधानता होती है। सत्व गुण प्रधान कार्य तथा व्यवहार की विशेषता यह है कि इसमें स्वार्थ का अभाव तथा दूसरों की भलाई की भावना निहित होती है। लेकिन सात्विक व्यक्ति सुख और ज्ञान में आसक्ति रखता है। दूसरे शब्दों में, सत्वगुण निःस्वार्थ तथा निर्मल होते हुए भी सुख और ज्ञान के प्रति उन्मुख होता है।

रजोगुण की प्रधानता जिस व्यक्ति में होती है उसके कार्य तथा व्यवहार स्वार्थपूर्ण होते हैं, उसकी चेष्टाएँ चंचल होती हैं और वह विषय भोग का इच्छुक होता है। तमोगुण की प्रवृत्ति वाला व्यक्ति प्रमादी होता है। वह कर्त्तव्य की ओर ध्यान नहीं देता तथा आलस्य और निद्रा में लीन रहता है। इस प्रकार गुणों के आधार पर तीन तरह के व्यक्तित्व का वर्णन किया गया है।

लेकिन गीता उसे श्रेष्ठ व्यक्तित्व वाला व्यक्ति मानती है जो गुणातीत है। दूसरे शब्दों में, इन तीनों गुणों के प्रभावों से मुक्त होकर जो व्यक्ति, "मान और अपमान में सम है एवं मित्र और बैरी के पक्ष में भी सम है और जिसमें कर्तापन का भाव नहीं है, वह गुणातीत है।"

भग्नाश (Frustration) तथा अग्रधर्षण (Aggression)

आधुनिक पश्चिमी मनोविज्ञान का सिद्धान्त है कि जब किसी व्यक्ति की आशाएँ भग्न होती हैं, तब वह अग्रधर्षी होता है। दूसरे शब्दों में, अग्रधर्षण के मूल में भग्नाशा होती है। भग्नाशा (Frustration) ही अग्रधर्षण (Aggression) का कारण है। लेकिन

भग्नाशा के क्या कारण हैं, इसका उत्तर आधुनिक मनोविज्ञान के अनुसार यह है कि जब व्यक्ति की आवश्यकताएँ और आशाएँ पूरी नहीं होतीं तब वह भग्नाश होता है। उसका यह मत भी है कि व्यक्ति अपनी आवश्यकताओं, आकांक्षाओं आदि से प्रेरित होकर कार्य करता है। इसके अभाव में व्यवहार की सम्भावना नहीं है।

लेकिन गीता में आशारहित, निष्काम भाव से कार्य करने की बात कही गई है। जब व्यक्ति बिना किसी आशा के कार्य करता है तब भग्नाशा की सम्भावना नहीं होती और भग्नाशा के अभाव में अग्रधर्षण का प्रश्न ही नहीं उठता। इस प्रकार गीता मनोविज्ञान में भग्नाशा के मूल कारणों को दूर करने के लिए निष्काम भाव के सिद्धान्त का प्रतिपादन किया गया है।

(डॉ. सीताराम जायसवाल द्वारा रचित '*भारतीय मनोविज्ञान और शिक्षा*' पर आधारित)

2

शिक्षा मनोविज्ञान की प्रकृति तथा क्षेत्र
(Nature and Scope of Educational Psychology)

2.1 शिक्षा मनोविज्ञान का अर्थ (Meaning of Educational Psychology)

शिक्षा मनोविज्ञान, मनोविज्ञान की वह शाखा है जो शिक्षा की समस्याओं का विवेचन, विश्लेषण तथा अन्वेषण मनोवैज्ञानिक पद्धतियों और संकल्पनाओं के आधार पर करती है। इसमें शिक्षा ग्रहण करने में छात्रों के व्यवहार का अध्ययन विभिन्न परिस्थितियों में किया जाता है। छात्र के उचित व्यवहार के लिए किस प्रकार का वातावरण चाहिए। शिक्षा मनोविज्ञान के मुख्य तीन क्षेत्र हैं:

1. छात्रों के व्यवहार सम्बन्धी जैसे जन्मजात क्षमताएँ, मूल प्रवृत्तियाँ, प्रेरक, व्यवहार नियंत्रक, संवेग आदि।
2. सीखने की विधियाँ, अभ्यास आदि।
3. व्यक्तिगत भिन्नताओं से सम्बन्धित, जैसे छात्र का विकासक्रम, विकास की अवस्थाएँ, उनकी विशेषताएँ आदि।

शिक्षा मनोविज्ञान छात्रों की क्षमताओं, प्रवृत्तियों, विशेषताओं और उनके विकास के नियमों और विधियों की जानकारी का अध्ययन करता है।

शिक्षा मनोविज्ञान की परिभाषा
(Definition of Educational Psychology)

1. *क्रो एवं क्रो* (*Crow and Crow*) के अनुसार, "शिक्षा मनोविज्ञान जन्म से लेकर वृद्धावस्था तक व्यक्ति के सभी सीखने सम्बन्धी अनुभवों का वर्णन और व्याख्या करता है।"
2. *कालस्निक* (*Kolesnik*) का कहना है, "शिक्षा के क्षेत्र में मनोविज्ञान के सिद्धान्तों तथा उसकी उपलब्धियों को प्रयोग में लाना ही शिक्षा का मनोविज्ञान है।"
3. *जूड* (*Judd*) के विचार में, "शिक्षा मनोविज्ञान वह विज्ञान है जो किसी व्यक्ति में होने वाले उन परिवर्तनों की व्याख्या तथा वर्णन करता है जो उसमें विकास की विभिन्न अवस्थाओं में से गुजरते समय होते हैं।"
4. *चार्ल्स ई. स्किनर* (*C.E. Skinner*) के अनुसार, "मनोविज्ञान की वह शाखा जिसका सम्बन्ध सीखने से है, उसे शिक्षा मनोविज्ञान कहते हैं।"
5. *वाल्टर्स बी.* (*Walter B.*) का कहना है कि "शिक्षा मनोविज्ञान उन तथ्यों तथा सिद्धान्तों का अध्ययन है जो शिक्षा की प्रक्रिया की व्याख्या करने तथा उसको उन्नत बनाने में हमारी सहायता करता है।"
6. स्टेफन (*Stephen*) के शब्दों में, "शिक्षा मनोविज्ञान शैक्षिक अभिवृद्धि तथा विकास का क्रमबद्ध अध्ययन है।"
7. *पील* (*Peel*) के विचार में, "शिक्षा मनोविज्ञान वह विज्ञान है जो अध्यापक की इस बात की सहायता करता है कि वह अपने विद्यार्थियों के विकास, उनकी क्षमताओं के क्षेत्र, उनके सीखने की प्रक्रिया तथा उनके सामाजिक सम्बन्धों को समझ सके।"
8. *टेलकोर्ड* (*Telcord*) ने लिखा है, "शिक्षा मनोविज्ञान का सम्बन्ध मुख्यतः सीखने से है। यह मनोविज्ञान की वह शाखा है जिसका बुनियादी सम्बन्ध शिक्षा के मनोवैज्ञानिक पक्षों की वैज्ञानिक खोज करना है।"
9. *ट्रो* (*Trow*) का कहना है, "शिक्षा मनोविज्ञान शैक्षिक परिस्थितियों में मनोवैज्ञानिक पक्ष का अध्ययन है।"

उपसंहार: ऊपर दी गई शिक्षा मनोविज्ञान की परिभाषाओं के आधार पर कहा जा सकता है कि शिक्षा मनोविज्ञान अधिगम परिस्थितियों में छात्र एवं अधिगम प्रक्रिया से सम्बन्धित है।

2.2 शिक्षा मनोविज्ञान के उद्देश्य (Aims of Educational Psychology)

शिक्षा मनोविज्ञान के उद्देश्यों का वर्गीकरण (Classification of Objectives of Educational Psychology)

(1) सामान्य उद्देश्य (General Objectives)

(2) विशिष्ट उद्देश्य (Specific Objectives)

शिक्षा मनोविज्ञान का सामान्य उद्देश्य (General Objectives of Educational Psychology)

प्रसिद्ध लेखक जी.एल. एण्डरसन (G.L. Anderson) ने शिक्षा मनोविज्ञान सामान्य उद्देश्य इस प्रकार दर्शाएँ हैं, "शिक्षा मनोविज्ञान का सामान्य उद्देश्य व्यवस्थित (संगठित) तथ्यों तथा सामान्य सिद्धान्तों का संग्रह प्रदान करना है जिसकी सहायता से अध्यापक अधिक से अधिक सांस्कृतिक तथा वृत्तिक (व्यावसायिक) उद्देश्यों की प्राप्ति कर सके।"

शिक्षा मनोविज्ञान के विशिष्ट उद्देश्य (Specific Aims of Educational Psychology)

शिक्षा मनोविज्ञान के विशिष्ट उद्देश्य इस प्रकार हैं:

1. अध्यापक को छात्र के स्वभाव की जानकारी देना।
2. अध्यापक को इस बात से परिचित कराना कि छात्र के सामाजिक व्यवहार को कहाँ तक सुधारा जा सकता है।
3. छात्र को इस बात की जानकारी कराना कि छात्रों को व्यक्तिगत समायोजन में कहाँ तक सहायता दी जा सकती है।

4. छात्रों को अपने वातावरण से समायोजन करने में सहायता देना।
5. छात्र की वृद्धि तथा विकास का ज्ञान कराना।
6. अध्यापक को इस बात से परिचित कराना कि छात्र किस सीमा तक सीख सकता है।
7. शिक्षा के स्वरूप तथा प्रयोजनों से अध्यापक तथा अन्य सम्बन्धित वर्गों को परिचित कराना।
8. छात्रों के प्रति सहानुभूतिपूर्ण तथा निष्पक्ष दृष्टिकोण विकास करने में सहायता देना।
9. अध्यापक को सीखने के सिद्धान्तों तथा विधियों से परिचित कराना।
10. अध्यापक की सामाजिक सम्बन्धों के स्वरूप तथा महत्त्व को भली-भाँति समझने में सहायता करना।
11. संवेगों के नियन्त्रण तथा शैक्षिक महत्त्व का अध्ययन करना।
12. अध्यापक को चरित्र निर्माण के सिद्धान्तों तथा विधियों से परिचित कराना।
13. स्कूल में पढ़ाए जाने वाले विषयों में सम्बन्धित छात्रों की योग्यताओं का मापन करने की विधियों से अध्यापक को परिचित कराना तथा प्रशिक्षण देना।
14. अध्यापक को शिक्षा मनोविज्ञान के सिद्धान्तों तथा तथ्यों की जानकारी के लिए प्रयोग की जाने वाली वैज्ञानिक विधियों से परिचित कराना।
15. ध्यापक को छात्रों की शैक्षिक समस्याओं के बारे में मनोवैज्ञानिक ढंग से विचार करने में सहायता देना।
16. अध्यापक को गतिशील बनाए रखने की विधियों से परिचित कराना।

शिक्षा मनोविज्ञान की प्रकृति
(Nature of Educational Psychology)

शिक्षा मनोविज्ञान की निम्नलिखित विशेषताएँ शिक्षा मनोविज्ञान की प्रकृति पर प्रकाश डालती हैं:

1. *शिक्षा मनोविज्ञान सकारात्मक विज्ञान के रूप में* (*Educational Psychology as a Positive Science*): शिक्षा मनोविज्ञान मानव व्यवहार को बेहतर बनाने वाला विज्ञान है।
2. *शिक्षा मनोविज्ञान विकासशील विज्ञान के रूप में* (*Educational Science as a Developing Science*): निरन्तर हो रही खोजों के कारण शिक्षा मनोविज्ञान तीव्रता से विकास कर रहा है।
3. *शिक्षा मनोविज्ञान सामाजिक विज्ञान के रूप में* (*Educational Psychology as a Social Science*): जिस प्रकार सामाजिक ज्ञान सामाजिक समस्याओं से सम्बन्धित है, उसी प्रकार शिक्षा मनोविज्ञान व्यक्ति के सामाजिक पक्ष को शिक्षा प्रक्रिया का महत्वपूर्ण अंग मानता है।
4. *शिक्षा मनोविज्ञान प्रयोगात्मक विज्ञान के रूप में* (*Educational Psychology as an Experimental Science*): शिक्षा मनोविज्ञान में प्रयोगों का अत्यन्त महत्त्व है। प्रयोगों के बिना यह विज्ञान/अध्ययन अधूरा है।
5. *शिक्षा मनोविज्ञान व्यावहारिक विज्ञान के रूप में* (*Educational Psychology as an Applied Science*): शिक्षा मनोविज्ञान अधिगम की स्थितियों के सन्दर्भ में छात्रों के व्यवहार का अध्ययन करता है।
6. *शिक्षा मनोविज्ञान अनेक अन्य विज्ञानों से सम्बन्धित होने के रूप में* (*Educational Psychology as Related to Several other Subjects*): शिक्षा विज्ञान का अन्य कई विषयों से सम्बन्ध है। यह उनको प्रभावित करता है तथा प्रभावित होता है।
7. *शिक्षा मनोविज्ञान तथ्यों का समूह है* (*Educational Psychology as Body of Facts*): शिक्षा मनोविज्ञान में तथ्यों के ऐसे समूह हैं जो निरीक्षण, व्यवहारिक तथा प्रयोगात्मक विषयों से इसे प्राप्त हुए हैं।
8. *शिक्षा मनोविज्ञान शैक्षिक समस्याओं के समाधान के रूप में* (*Educational Psychology in the form of Solution Provider of Educational Problems*): शिक्षा मनोविज्ञान विभिन्न प्रकार की शैक्षिक समस्याओं के समाधान में सहायता करता है।

9. *शिक्षा मनोविज्ञान सिद्धान्तों के प्रतिपादन के रूप में (Educational Psychology as originator of Several Theories)*: अनुसन्धान के आधार पर शिक्षा मनोविज्ञान अनेक शैक्षिक सिद्धान्तों का प्रतिपादन करता है।

शिक्षा मनोविज्ञान की सीमाएँ
(Limitations of Educational Science)

शिक्षा मनोविज्ञान की कुछ प्रमुख सीमाएँ हैं जिन्हें ध्यान में रखना बहुत आवश्यक है:

1. शिक्षा मनोविज्ञान का सम्बन्ध मुख्यत: छात्र तथा अध्यापक के व्यवहार से है जो गतिशील तथा परिवर्तनशील होता है। व्यवहार का अध्ययन पूर्णतया वैज्ञानिक ढंग से नहीं किया जा सकता है तथा इसमें वस्तुनिष्ठता की गुंजाइश रहती है।
2. मन की सभी अवस्थाओं का शिक्षा मनोविज्ञान में अध्ययन किया जाता है। परन्तु मन बहुत चंचल है। स्थायी नहीं है।
3. व्यक्तियों के व्यवहार में अनेक प्रकार की भिन्नताएँ पाई जाती हैं। यही नहीं, व्यक्ति का व्यवहार उसी प्रकार की स्थितियों में एक जैसा नहीं रहता।
4. शिक्षा मनोविज्ञान के परीक्षण का क्षेत्र प्राय: विस्तृत होता है। एक कमरे तक सीमित नहीं रहता।
5. शिक्षा मनोविज्ञान के उपकरण अन्य विज्ञानों की तरह विश्वसनीय नहीं होते हैं।
6. शिक्षा मनोविज्ञान के प्रयोग, परीक्षण तथा निरीक्षण उतने यथार्थ (Valid), सुनिश्चित (Definite), वस्तुनिष्ठ (Objective) एवं विश्वसनीय (त्मसपंइसम) नहीं बन सकते जितने कि प्रयोगात्मक विज्ञानों के।

शिक्षा मनोविज्ञान सामाजिक विज्ञानों की श्रेणी में न कि प्राकृतिक विज्ञानों की श्रेणी में (Educational Psychology in the Category of Social Sciences and not Natural Sciences)

यह जानने के लिए कि शिक्षा मनोविज्ञान किस प्रकार का ज्ञान है, पहले हमें विज्ञान की विशेषताओं पर संक्षेप में ध्यान देना होता है। मुख्य तौर पर विज्ञान के मुख्य तत्त्व नीचे दिए जा रहे हैं:

1. विज्ञान की वैज्ञानिक विधि होती है। जिसके मुख्य तत्त्व इस प्रकार हैं:
   (i) निरीक्षण,
   (ii) निरीक्षण द्वारा प्राप्त तथ्यों का रिकार्ड रखना,
   (iii) तथ्यों का वर्गीकरण करना,
   (vi) तथ्यों का विश्लेषण (Analysis) करना,
   (v) सामग्री तथा तथ्यों का सामान्यकरण करना तथा सिद्धान्तों का प्रतिपादन करना।,
   (vi) सिद्धान्तों का प्रमाणीकरण (Verification) करना।
2. शुद्ध तथ्यों की खोज करना।
3. विज्ञान के नियमों का सार्वभौमिक (Univeral) होना।
4. वैज्ञानिक नियम वैध (Valid) होते हैं।
5. 'कारण' तथा 'प्रभाव' का सम्बन्ध देखा जाना है।
6. विज्ञान के निष्कर्षों के आधार पर भविष्यवाणी (Prediction) की जा सकती।

मनोविज्ञान को हम ऊपर दी गई विज्ञान की कसौटियों के सन्दर्भ में आंकते हैं। शिक्षा मनोविज्ञान में निम्नलिखित तत्व विद्यमान हैं:

1. शिक्षा मनोविज्ञान वैज्ञानिक विधि का प्रयोग करता है।
2. शिक्षा मनोविज्ञान निरीक्षण का प्रयोग करता है।

3. शिक्षा मनोविज्ञान खोज के आधार पर सिद्धान्त बताता है।
4. शिक्षा मनोविज्ञान के सिद्धान्तों की पुष्टि की जाती है।
5. शिक्षा मनोविज्ञान कारण तथा प्रभाव के सिद्धान्त को दर्शाता है।
6. शिक्षा मनोविज्ञान में भविष्यवाणी का प्रावधान है।

समीक्षा: शिक्षा मनोविज्ञान, भौतिकशास्त्र, रसायनशास्त्र तथा गणितशास्त्र आदि की भाँति पूर्ण विकसित एवं सशक्त विज्ञान नहीं है। शिक्षा मनोविज्ञान में छात्रों के व्यवहार का मुख्यतः अध्ययन किया जाता है। व्यवहार गतिशील तथा परिवर्तनशील है। अब छात्र जो है अथवा वह जो व्यवहार कर रहा है, वह ऐसा ही रहेगा, इसके बारे में निश्चित रूप से कुछ नहीं जा सकता है। दूसरी ओर प्राकृतिक विज्ञानों–रसायनशास्त्र, भौतिकशास्त्र आदि में जिन वस्तुओं की प्रकृति अथवा क्रियाओं का अध्ययन किया जाता है, उनके बारे में निश्चित रूप से कुछ कहा जा सकता है। इस कारण इन विषयों में किया जाने वाला अध्ययन यथार्थ, सुनिश्चित एवं वस्तुनिष्ठ होता है।

शिक्षा मनोविज्ञान ने व्यवहार का अध्ययन करने के लिए यद्यपि वैज्ञानिक ढंग अपनाने का प्रयास किया है परन्तु फिर भी इसके पास न तो वैज्ञानिक विषयों की भाँति यथार्थ एवं वस्तुनिष्ठ साधन है और न ही विकसित वैज्ञानिक विधियाँ।

भौतिकशास्त्र तथा रसायनशास्त्र की भाँति इसके पास सम्पूर्ण प्रयोगशाला नहीं होती है जहाँ उचित ढंग से प्रयोग किए जा सकें। इस प्रकार से शिक्षा मनोविज्ञान को अन्य विज्ञानों की भाँति पूर्ण विकसित तथा सशक्त विज्ञान नहीं कहा जा सकता। फिर भी इसकी वैज्ञानिक प्रकृति के कारण इसे विज्ञान की श्रेणी में रखा जाता है। इसमें तथ्यों का अध्ययन वैज्ञानिक ढंग से किया जाता है। विश्लेषण किया जाता है तथा निष्कर्ष निकालकर सिद्धान्तों का प्रतिपादन किया जाता है। अनेक प्रकार के टैस्ट निर्माण किए जा रहे हैं जो वैध भी हैं तथा सारभौमिक भी। अतः शिक्षा मनोविज्ञान को एक विकासशील विज्ञान की संज्ञा दी जाती है। इसलिए निष्कर्ष के रूप में शिक्षा मनोविज्ञान की प्रकृति को इस प्रकार दर्शाया जा सकता है–शिक्षा मनोविज्ञान एक ऐसा विकासशील तथा सकारात्मक विज्ञान है जिसके अन्तर्गत छात्रों के व्यवहार का उनके पर्यावरण के सन्दर्भ में अध्ययन किया जाता है तथा उचित समायोजन के लिए प्रयास किए जाते हैं।

शिक्षा मनोविज्ञान का क्षेत्र अथवा विषय सामग्री (Scope or Subject Matter of Educational Psychology)

शिक्षा मनोविज्ञान एक नवीन तथा स्वतन्त्र विषय है। इसके क्षेत्र की सीमाएँ अभी तक निश्चित नहीं हो सकती हैं।

शिक्षा मनोविज्ञान के क्षेत्र पर कुछ लेखकों के विचार (Views of Some Writers on the Scope of Educational Psychology)

1. *क्रो एवं क्रो* (*Crow and Crow*) के अनुसार–"शिक्षा मनोविज्ञान एक व्यक्ति के जन्म से वृद्धावस्था तक के सीखने के अनुभवों का वर्णन एवं व्याख्या करता है। इसकी विषय वस्तु का सम्बन्ध सीखने को प्रभावित करने वाली स्थितियों से है।"
2. *जी. लेस्टर एण्डरसन* (*G. Lester Anderson*) के शब्दों में, "शिक्षा मनोविज्ञान की विषय सामग्री को मोटे तौर पर निम्न समूहों में रखा जा सकता है:
   (i) भूमिका अनुभाग जिसमें शिक्षा मनोविज्ञान की प्रकृति तथा विधियाँ शामिल हैं।
   (ii) व्यक्तित्व की प्रकृति तथा सामान्य और विकलांग बच्चों की समस्याओं का समायोजन।
   (iii) बच्चों तथा किशोरों की वृद्धि तथा विकास।
   (iv) सीखने की प्रकृति तथा इसके विशिष्ट पक्ष यथा अभिप्रेरणा तथा अधिगम का स्थानान्तरण।
   (v) अन्वेषण तथा मूल्यांकन के साधन।
3. *स्किनर* (*Skinner*) का कहना है, "शिक्षा मनोविज्ञान के क्षेत्र में वे सब ज्ञान तथा विधियाँ सम्मिलित हैं जो अधिगम प्रक्रिया को भली-भाँति समझने और अधिक कुशलता से निर्देशित करने के लिए आवश्यक हैं।
4. *डॉगलस तथा हालैण्ड* (*Douglas and Holland*) के विचार में, "शिक्षा मनोविज्ञान की विषय-सामग्री शिक्षा प्रक्रिया में भाग लेने वाले व्यक्ति की प्रकृति, सामाजिक जीवन तथा व्यवहार है।"

5. *गैरिसन तथा अन्यों* (*Garrison and Others*) के विचार, "शिक्षा मनोविज्ञान की विषय सामग्री दो दृष्टिकोणों से निर्मित है:

(i) छात्रों के जीवन को ऊँचा उठाना तथा समृद्ध करना।

(ii) शिक्षकों को अपने शिक्षण में गुणवत्ता लाने के लिए ज्ञान तथा सूझ-बूझ का विकास करना।

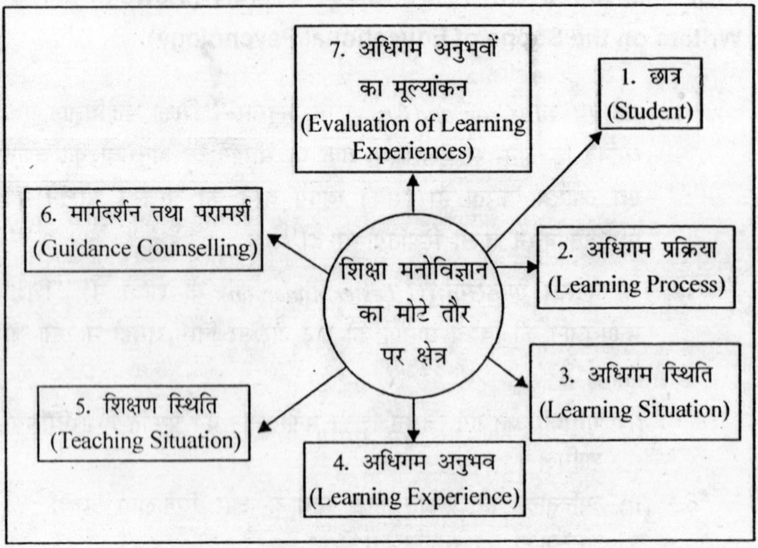

चित्र 2.1: मोटे तौर पर शिक्षा मनोविज्ञान का क्षेत्र
(Broad Subject Matter of Educational Psychology)

शिक्षा मनोविज्ञान के विषय सम्बन्धी अथवा क्षेत्र सम्बन्धी महत्त्वपूर्ण तत्त्व (Significant Elements Relating to the Subject-Matter of Educational Psychology)

शिक्षा मनोविज्ञान को मनोविज्ञान की वह शाखा माना जाता है जिसमें मनोविज्ञान के तथ्यों, सिद्धान्तों एवं नियमों का शिक्षा के कार्यों (पढ़ने-पढ़ाने तथा सीखने-सिखाने) को सुचारू रूप से सम्पन्न करने हेतु प्रयोग में लाया जाता है। शिक्षा मनोविज्ञान व्यवहारात्मक है। इसमें निम्न बातों पर बल दिया जाता है:

1. *सीखने वाले अर्थात् छात्र की सारी विकास अवस्थाओं का अध्ययन:* इस के अन्तर्गत छात्र के विकास की सभी अवस्थाओं (शैशव, बाल्य, किशोर तथा प्रौढ़) तथा इनमें से प्रत्येक अवस्था में उसके विकास की विशेषताओं का अध्ययन किया जाता है। तत्पश्चात् इन विशेषताओं के दृष्टिगत शिक्षा की योजना बनाई जाती है।

2. *छात्र को भली भाँति जानने तथा उसके व्यवहार से सम्बन्धित अध्ययन सामग्री:* इसमें इस प्रकार के तत्त्व शामिल हैं–बुद्धि का अध्ययन, व्यक्तिगत भिन्नताएँ तथा उनका मापन, बुद्धि और विकास में वंशानुक्रम एवं वातावरण की भूमिका, व्यक्ति की जन्मजात योग्यताएँ और क्षमताएँ, व्यक्तित्व तथा उसका मापन।

3. *सीखने की प्रक्रिया का अध्ययन:* छात्र के व्यवहार में सीखने की कला का विशेष महत्त्व है। अत: शिक्षा मनोविज्ञान में सीखने के विभिन्न पक्षों सम्बन्धी नियमों आदि का समावेश किया जाता है। अध्यापक के लिए आवश्यक है कि वह सीखने की प्रक्रिया का गहन तथा विस्तृत अध्ययन करे।

4. *छात्र के व्यक्तित्व की समस्त विशेषताओं का अध्ययन:* छात्र के व्यक्तित्व के विकास में सहायता करना शिक्षा के महान उद्देश्यों में से एक है। अत: शिक्षा मनोविज्ञान के क्षेत्र में छात्र के व्यक्तित्व तथा उसकी समस्याओं का समावेश है। छात्र के सन्तुलन तथा असन्तुलन सम्बन्धी समस्याओं का विवेचन भी शिक्षा मनोविज्ञान में किया जाता है।

5. *बुद्धि, अभिरुचियों तथा उपलब्धियों का अध्ययन:* बुद्धि तथा विशेष योग्यता की जाँच करना भी शिक्षा मनोविज्ञान के क्षेत्र में सम्मिलित है। इसके लिए विभिन्न प्रकार के टैस्ट बनाए गए हैं तथा इन सबका अध्ययन शिक्षा मनोविज्ञान में किया जाता है।

6. *क्या पढ़ा जाए तथा कैसे पढ़ाया जाए:* छात्रों के व्यवहार में वांछित परिवर्तन लाने के लिए पाठ्यक्रम का चयन किया जाता है। पाठ्यक्रम में किस प्रकार के विषय तथा क्रियाएँ हों, इनका चयन छात्रों की आयु तथा स्तर के अनुसार किया जाता है जिसके लिए शिक्षा मनोविज्ञान

हमारी सहायता करता है। इस कारण इन सब बातों का शिक्षा मनोविज्ञान में अध्ययन किया जाता है।

7. *उचित शिक्षण विधियों तथा तकनीकी का अध्ययन*: शिक्षा मनोविज्ञान के अन्तर्गत शिक्षा तथा सीखने की विधियों को शामिल किया जाता है ताकि शिक्षण सीखने की प्रक्रिया में सहायता मिल सके।

8. *शैक्षिक वातावरण सम्बन्धी अध्ययन*: सीखने और सिखाने की प्रक्रिया में वातावरण की बहुत ही महत्त्वपूर्ण भूमिका होती है। इस प्रक्रिया में किस प्रकार की परिस्थितियाँ तथा वातारण सहायक सिद्ध होता है, इस तथ्य को जानना जरूरी है। इस कारण वातावरण का अध्ययन शिक्षा मनोविज्ञान में किया जाता है।

9. *विशिष्ट एवं समस्यात्मक छात्रों की सहायता करने की सामग्री का अध्ययन*: शिक्षाक्रम में सभी प्रकार के छात्रों का व्यवहार आता है। कक्षा में सामान्य, विशिष्ट एवं समस्यात्मक सभी तरह के छात्र होते हैं। उन्हें सही दिशा देने के लिए शिक्षा मनोविज्ञान के कई तथ्यों की आवश्यकता पड़ती है। इस प्रकार शिक्षा मनोविज्ञान में ऐसी सामग्री का समावेश किया जाता है कि छात्रों की विशेष समस्याओं के उचित हल निकाले जा सकें।

10. *शैक्षिक तथा व्यावसायिक मार्गदर्शन*: वर्तमान संसार बहुत जटिल होता जा रहा है। इसमें इतनी तेजी से परिवर्तन आ रहे हैं कि यदि छात्र के व्यवहार का उचित मार्गदर्शन न किया जाए तो वह कई प्रकार की भूलभूलैयियों में फँस सकता है। इसके अतिरिक्त छात्र की विशेष आवश्यकताएँ तथा विशेषताएँ होती हैं। अतः शिक्षा मनोविज्ञान में शैक्षिक तथा व्यावसायिक मार्गदर्शन तथा परामर्श आदि सामग्री का समावेश किया जाता है।

ऊपर दिए गए विषयों के अतिरिक्त शिक्षा मनोविज्ञान के अन्तर्गत निम्न विषयों का अध्ययन किया जाता है:

11. व्यक्तित्व तथा इसका विकास

12. शिक्षण की प्रकृति
13. स्मरण तथा विस्मरण
14. समस्या समाधान व्यवहार
15. समायोजन
16. समूह गतिकी (Group Dynamics)
17. शिक्षा मनोविज्ञान की अध्ययन विधियाँ
18. शिक्षा मनोविज्ञान में सांख्यिकी विधियाँ
19. बालक की विभिन्न मानसिक क्रियाएँ जैसे—संवेदन (Sensation), प्रत्यक्षीकरण (Perception), ध्यान (Attention), कल्पना (Imagination), विचार (Thinking), तर्क (Reasoning), निर्णय (Judgement) आदि।
20. विद्यालय की विभिन्न समस्याएँ जैसे अपराधी बालक
21. आधुनिक खोजों के शिक्षा मनोविज्ञान पर प्रभाव

शिक्षा मनोविज्ञान का शिक्षा को योगदान
(Contribution of Educational Psychology to Education)

डेविस (Davis) ने शिक्षा मनोविज्ञान के शिक्षा में योगदान को इस प्रकार दर्शाया है, "अनेक मनोविज्ञान परीक्षणों की सहायता से छात्रों की क्षमताओं तथा व्यक्तिगत भेदों की समीक्षा में योगदान दिया है। शिक्षा मनोविज्ञान ने छात्रों के प्रारम्भिक विकास तथा परिपक्वता (Maturation) को समझने में योगदान दिया है।"

ड्रिवर (Drever) ने शिक्षा मनोविज्ञान को शिक्षा का आवश्यक तत्त्व बताया है।

शिक्षा मनोविज्ञान ने शिक्षा के विभिन्न क्षेत्रों में निम्न प्रकार से योगदान दिया है:

1. *छात्रों का व्यवहार तथा शिक्षा मनोविज्ञान (Educational Psychology and Behaviour of the Students)*: शिक्षा को मोटे अर्थों में छात्रों के व्यवहार में वांछित परिवर्तन लाने होते हैं। शिक्षा मनोविज्ञान शिक्षा में

लगे व्यक्तियों की सहायता करता है कि किस प्रकार व्यवहार में इस प्रकार के परिवर्तन लाए जा सकते हैं।

2. *शिक्षा मनोविज्ञान तथा शिक्षा के उद्देश्य* (*Educational Psychology and Aims of Education*): शिक्षा के उद्देश्य निर्माण करने में दर्शनशास्त्र की विशेष भूमिका रहती है। परन्तु इन उद्देश्यों को शिक्षा के विभिन्न स्तरों के लिए कैसे निर्धारित किया जाए, इस कार्य में शिक्षा मनोविज्ञान सहायक होता है। शिक्षा मनोविज्ञान शिक्षा के उद्देश्यों की प्राप्ति में भी सहायता प्रदान करता है।

3. *शिक्षा मनोविज्ञान तथा शिक्षा में व्यक्तिगत भेदों पर बल* (*Educational Psychology and Emphasis on Individual Differences*): छात्रों में अनेक प्रकार की व्यक्तिगत विभिन्नताएँ होती हैं। शिक्षा मनोविज्ञान शिक्षा प्रक्रिया में इन भेदों को जानने तथा इसके सन्दर्भ में उचित विधियाँ अपनाने में सहायता देना है।

4. *छात्र केन्द्रित शिक्षा* (*Child Centred Education*): शिक्षा मनोविज्ञान ने शिक्षा प्रक्रिया में शिक्षण विधियों को छात्र केन्द्रित करने पर बल दिया है। आज शिक्षा में कार्यरत सभी वर्ग इस तथ्य की महत्ता पर ध्यान देते हैं।

5. *मनोविज्ञान तथा पाठ्यक्रम* (*Educational Psychology and Curriculum*): पाठ्यक्रम निर्माण में शिक्षा दर्शन तथा सामाजिक दर्शन का विशेष महत्त्व है परन्तु विभिन्न स्तरों पर अध्ययन सामग्री का स्तर किस प्रकार का हो, इसमें शिक्षा मनोविज्ञान मार्गदर्शन करता है।

6. *शिक्षा मनोविज्ञान पाठ्यक्रम में पाठान्तर क्रियाएँ* (*Educational Psycholgy and Co-curricular Activities*): शिक्षा में पहले विषयों के अध्ययन पर जोर दिया जाता था। परन्तु शिक्षा मनोविज्ञान के प्रभाव से अनेक प्रकार के शैक्षिक कार्यक्रमों की स्कूलों में व्यवस्था की जाती है।

7. *शिक्षा मनोविज्ञान, पाठ्य पुस्तकें तथा अन्य शिक्षण-अधिगम सामग्री* (*Educational Psychology, Textbooks and other Teaching Learning Material*): शिक्षा मनोविज्ञान के प्रभाव के कारण पाठ्य पुस्तकों तथा अन्य सामग्री को रोचक तथा बोधगम्य बनाया जाता है।

8. *शिक्षा मनोविज्ञान तथा समय-सारणी* (*Educational Psychology and the Time Table*): शिक्षा मनोविज्ञान के प्रभाव के परिणामस्वरूप समय सारणी बनाते समय थकान तथा विविधता आदि पक्षों को ध्यान में रखा जाता है।

9. *शिक्षा मनोविज्ञान तथा अनुशासन* (*Educational Psychology and Discipline*): शिक्षा मनोविज्ञान दर्शाता है कि किस प्रकार अनुशासन को आत्मानुशासन तथा रचनात्मक बनाया जा सकता है। अनुशासन के विभिन्न पक्षों पर अलग से चर्चा की गईहै।

10. *शिक्षा मनोविज्ञान तथा शिक्षण विधियाँ* (*Educational Psychology and Teaching Methods*): सम्भवत: शिक्षा मनोविज्ञान का शिक्षा प्रक्रिया में सब से अधिक प्रभाव शिक्षण विधियों पर पड़ा है। अब अनेक प्रकार की शिक्षण विधियों को प्रयोग में लाया जा रहा है ताकि शिक्षण-अधिगम प्रक्रिया रोचक तथा प्रभावी हो सके। छात्र इस प्रक्रिया को बोझ के रूप में न ले तथा छात्रों की अधिक से अधिक इसमें भागेदारी हो।

11. *शिक्षा मनोविज्ञान तथा श्रव्य-दृश्य साधन* (*Educational Psychology and Audio-visual Aids*): परम्परागत शिक्षण-अधिगम प्रक्रिया में 'बोलने तथा चाक' (Talk and Chalk) प्रणाली का प्रभुत्व था। परन्तु अब सभी इन्द्रियों के प्रभावी प्रयोग पर बल दिया जाता है तथा अनेक प्रकार के श्रव्य-दृश्य सहायक साधनों का प्रयोग किया जाता है।

12. *शिक्षा मनोविज्ञान तथा स्कूल-व्यवस्था* (*Educational Psychology and School Management*): शिक्षा मनोविज्ञान शिक्षा व्यवस्था में प्रभावी मानवीय सम्बन्धों पर बल देता है। स्कूल का मुख्य अध्यापक निरंकुश न होकर अध्यापकों तथा अन्य कर्मचारियों को सहयोगी जानकर स्कूल व्यवस्था में उनको उचित स्थान देता है। 'डर' के स्थान पर 'मानवता' के मूल्य को प्राथमिकता दी जाती है।

13. *शिक्षा मनोविज्ञान तथा अनुसन्धान* (*Educational Psychology and Research*): शिक्षा मनोविज्ञान द्वारा किए जा रहे अनेक प्रकार के परीक्षणों के परिणामस्वरूप शिक्षा अधिगम प्रक्रिया तथा मूल्यांकन में प्रभावी सुधार लाए जा रहे हैं।

14. *शिक्षा मनोविज्ञान तथा अध्यापक* (*Educational Psychology and the Teacher*): इस प्रकरण पर अलग से प्रकाश डाला गया है।

अध्यापक के लिए शिक्षा मनोविज्ञान का महत्त्व (Significance of Educational Psychology to the Teacher)

अध्यापक के लिए शिक्षा मनोविज्ञान की आवश्यकता तथा महत्त्व पर विद्वानों के विचार

शिक्षा मनोविज्ञान के ज्ञान के द्वारा अध्यापक बालकों का उचित मार्गदर्शन करने तथा निर्देश देने में दक्षता प्राप्त करता है। शिक्षा मनोविज्ञान एक अध्यापक को सफल बनने और शिक्षा सम्बन्धी अपने उत्तरदायित्वों को भली भाँति निभाने में बहुत मदद करता है। शिक्षा मनोविज्ञान एक ऐसा उपयोगी विषय है जो अध्यापक की पग-पग पर सहायता करता है। अध्यापक शिक्षा मनोविज्ञान के अध्ययन से बालकों का अनेक प्रकार की परिस्थितियों में उचित सामंजस्य स्थापित करने में मार्गदर्शन कर सकता है। कुछ विद्वानों के विचार नीचे दिए जा रहे हैं:

1. *क्यूनटिलीयन* (*Quintilian*): क्यूनटिलीयन–जो कि प्रथम शताब्दी (First Century A.D.) में इटली के प्रसिद्ध विचारक थे, ने लिखा है, "अच्छे वकता प्रशिक्षित करने के लिए अध्यापक को बच्चे की प्रकृति से परिचित होना चाहिए।
2. *थोमस फुलर* (*Thomas Fuller–1608-1661*) जो कि इंग्लैण्ड के प्रसिद्ध लेखक पादरी थे, ने कहा है, "एक प्रभावी अध्यापक को बच्चों के स्वभाव का उतना ही अधिक अध्ययन करना चाहिए जितना कि पुस्तकों का।
3. *पस्तालोजी, जे.एच.* (*Pestalozzi, J.H.–1746-1827*) ने कहा है "मैं शिक्षा को मनोवैज्ञानिक रूप देना चाहता हूँ।"
4. *जॉन एडमस* (*John Adams–1857-1934*) जो कि लन्दन विश्वविद्यालय में शिक्षा-विषय के प्रोफेसर थे–ने इस बात पर बल दिया है, "अध्यापक को जॉन (अर्थात् छात्र) तथा लेटिन (Latin) भाषा–दोनों को जानना चाहिए।"

5. *स्किनर* (*Skinner*) के अनुसार, "अध्यापकों के प्रशिक्षण में शिक्षा मनोविज्ञान आधारशिला है।"
6. ब्लेयर (*Blair*) ने लिखा है, "आधुनिक अध्यापक यदि अपने कार्य में सफलता प्राप्त करना चाहता है, उसे ऐसा विशेषज्ञ होना चाहिए जो बालकों को समझे, वे कैसे विकसित होते हैं, सीखते हैं तथा कैसे समायोजन करते हैं। मनोवैज्ञानिक निदानों (Diagnosis) में प्रशिक्षित व्यक्ति शायद ही अध्यापकों के दायित्वों तथा कार्यों को निभा सकें।"
7. *हेनरी पी. स्मिथ* (*Henry P. Smith*) ने शिक्षा मनोविज्ञान को अध्यापक के लिए आवश्यक निम्न कारणों से बताया है:
    1. अध्यापक को अपने छात्र-छात्रों की प्रकृति, स्वभाव तथा आवश्यकताओं की जानकारी प्राप्त होती है।
    2. अध्यापक को छात्र-छात्राओं की अवस्थाओं, उनसे सम्बन्धित विभिन्न समस्याओं एवं उपचार का ज्ञान होता है।
    3. अध्यापक को शिक्षा के व्यापक अर्थों एवं उदार उद्देश्यों का बोध होता है।
    4. अध्यापक को छात्रों के व्यवहार में वांछित परिवर्तन लाने के लिए प्रत्येक स्तर पर छात्र की क्षमताओं तथा योग्यताओं आदि का बोध होता है।
    5. अध्यापक की व्यावसायिक क्षमता तथा कुशलता गें वृद्धि कराने में कई महत्त्वपूर्ण तथ्यों की जानकारी शिक्षा मनोविज्ञान में होती है।
8. स्वामी विवेकानन्द ने इस प्रकार कहा है, "सच्चा अध्यापक अपने छात्र के मन की वास्तविकता जान लेता है।"
9. श्री अरिविन्द ने इस बात पर बल दिया, "बालक की शिक्षा उसकी अपनी प्रकृति के अनुसार हो।

मुख्य तौर पर अध्यापक के लिए शिक्षा मनोविज्ञान का महत्त्व नीचे दिया जा रहा है:

1. *शिक्षा मनोविज्ञान द्वारा अध्यापक का अधिगमकर्त्ताओं अथवा छात्रों को ठीक प्रकार से समझने में सहायता प्रदान करना* (*Assisting the Teacher to Understand his Students Properly*): बालकों की रुचियों,

अभिरुचियों, दृष्टिकोणों तथा क्षमताओं को समझने में शिक्षा मनोविज्ञान द्वारा अध्यापक को पर्याप्त सहायता मिलती है। छात्रों की जन्मजात योग्यताओं और अर्जित क्षमताओं के स्तर के ज्ञान से अध्यापक परिचित होकर छात्रों के सम्पूर्ण विकास के लिए कार्य करने में समर्थ होते हैं। *सर जॉन एडम* ने लिखा है कि पढ़ाने की क्रिया के दो क्रम होते हैं, एक 'छात्र' और दूसरा पढ़ाए जाने वाला 'विषय'। जैसे–"अध्यापक राम को इतिहास पढ़ाता है।" इसलिए यदि अध्यापक ने राम को सफलता से पढ़ाना है तो उसे इस क्रिया के दोनों क्रम को अच्छी तरह समझना होगा 'इतिहास' को भी और 'राम' को भी। इन दोनों का ज्ञान होना अध्यापक के लिए बहुत जरूरी है।

2. *उचित शिक्षण विधियों एवं तकनीकों के अपनाने में सहायक होना (Assisting the Teacher to Use Proper Teaching Aids)*: शिक्षा मनोविज्ञान के अध्ययन से अध्यापक यह जान सकता है कि किस प्रकार की शिक्षण विधि किस परिस्थिति में उपयुक्त रहती है। किस प्रकार की विषय–सामग्री को सीखने की कौन–कौन तकनीक अथवा तरीका उपयुक्त रहता है। छात्रों की व्यक्तिगत भिन्नताओं को देख कर किस प्रकार से उन्हें कौन–कौन–सी पद्धति से पढ़ाना ठीक रहता है।
3. *उत्साहवर्धक शिक्षण वातावरण तथा परिस्थितियों के निर्माण में सहायक होना (Assisting the Teacher to Create Inspiring Environment)*: शिक्षण अधिगम प्रक्रिया की सफलता उत्साहवर्धक शिक्षण वातावरण तथा अनुकूल परिस्थितियों की व्यवस्था और आयोजन पर निर्भर करती है। शिक्षा मनोविज्ञान का ज्ञान अध्यापक को इस बात से अवगत कराता है कि वातावरण का 'सीखने–सिखाने' की प्रक्रिया पर कितना गहरा प्रभाव डालता है।
4. *छात्रों के व्यक्तिगत अन्तर जानने में सहायक होना (Assisting the Teacher in Understanding Individual Differences of Students)*: यह सर्वज्ञात है कि कोई भी दो अधिगमकर्त्ता शारीरिक, मानसिक तथा अन्य रूपों एवं गुणों में एक जैसे नहीं होते। एक ही माता–पिता के बच्चों में भी थोड़ा–बहुत अन्तर अवश्य होता है। शिक्षा मनोविज्ञान के अध्ययन से हमें पता चलता है कि किस प्रकार छात्रों की विभिन्न

योग्यताएँ तथा क्षमताएँ होती हैं, जिनके अनुसार छात्रों की व्यवस्थाएँ तथा आजीविका संबंधी मार्गदर्शन करना होता है। इस सन्दर्भ में हम उनका उचित मार्गदर्शन नहीं कर सकते जब तक हमें छात्रों के बारे में अधिक-से-अधिक ज्ञान न हो। अध्यापक छात्रों का सर्वांगीण विकास तभी कर सकते हैं जबकि वे छात्रों की विभिन्नताओं से अच्छी तरह परिचित हों।

5. *छात्रों की मानसिक जटिलताओं के निवारण में सहायक होना (Assisting the Students in Solving Mental Complexes of the Students)*: अनेक छात्र स्कूल आने से पूर्व एवं स्कूल में भी कई मानसिक जटिलताओं से ग्रस्त होते हैं। ऐसे छात्रों के मार्गदर्शन के लिए किस प्रकार अध्यापक सहायक हो सकते हैं, इस बात का ज्ञान शिक्षा मनोविज्ञान द्वारा मिलता है।

6. *विशिष्ट एवं समस्यात्मक छात्रें के मार्गदर्शन में सहायक होना (Assisting the Exceptional and Problem Childran in Providing Guidance)*: विशिष्ट एवं समस्यात्मक छात्रों की विशेष समस्याएँ होती हैं। शिक्षा मनोविज्ञान द्वारा अध्यापक इनकी पर्याप्त जानकारी प्राप्त करके उनके मार्गदर्शन का कार्य प्रभावपूर्ण ढंग से कर सकता है।

7. *शिक्षा मनोविज्ञान द्वारा अनुशासन में सहायता देना (Helping in Disciplinery Problems)*: शिक्षा मनोविज्ञान द्वारा हमें पता चलता है कि जिस प्रकार केवल बाँध बनाने से नदियों के बहाव नहीं रुका करते और जल रोकने के लिए कोई और मार्ग भी देना होता है, इसी प्रकार छात्रों की शक्ति को दबाकर अनुशासन स्थापित नहीं किया जा सकता। उनकी उत्तेजित शक्तियों को रचनात्मक रूप देना होगा। भय और दण्ड के स्थान पर उचित मात्रा में प्रेम, सहयोग तथा स्वयं अपने उत्तरदायित्वों को निभाने की इच्छाशक्ति छात्रों में शिक्षा मनोविज्ञान के ज्ञान से अध्यापक निर्माण कर सकता है।

8. *पाठान्तर क्रियाओं के आयोजन में सहायक होना (Assisting in Organising Co-curricular Activities)*: शिक्षा मनोविज्ञान द्वारा अध्यापक को यह जानकारी प्राप्त होती है कि कक्षा में शिक्षण के

अतिरिक्त शिक्षा देने का तथा शिक्षा प्राप्त करने का एक और भी बहुत महत्त्वपूर्ण साधन विद्यालय में पाठान्तर क्रियाओं का आयोजन है। शिक्षा मनोविज्ञान से अध्यापक को इस बात में बहुत सहायता मिलती है कि वह किस प्रकार विद्यार्थियों की रुचियों, अभिरुचियों तथा अपेक्षित योग्यताओं के अनुसार विद्यालय में तथा विद्यालय से बाहर छात्रों के लिए विभिन्न प्रकार की पाठान्तर क्रियाओं का आयोजन कर सकता है।

9. *छात्रों के उचित निर्देशन एवं परामर्श में शिक्षा मनोविज्ञान की सहायक होना* (*Assisting all Students in Guidance and Councelling*): शिक्षा मनोविज्ञान के ज्ञान द्वारा एक अध्यापक छात्रों का व्यक्तिगत, शैक्षिक, व्यावसायिक तथा अन्य प्रकार का निर्देशन एवं परामर्श कुशलतापूर्वक कर सकता है।

10. *मापन तथा मूल्यांकन में सहायक होना* (*Assisting in Evaluation*): शिक्षा मनोविज्ञान द्वारा छात्रों की शैक्षिक योग्यता, क्षमता, व्यवहार और व्यक्तित्व के मूल्यांकन करने की वांछित कुशलता अधयापक में आ जाती है।

11. *क्रियात्मक अनुसंधान करने में सहायक होना* (*Assisting in Action Reseacrch*): शिक्षा मनोविज्ञान का ज्ञान अधयापक को शिक्षा के क्षेत्र में अनुसंधान कार्य में रुचि बढ़ाने, उसे संपादित करने तथा उसके परिणाम से लाभ उठाने की योग्यता विकसित करने से पर्याप्त सहायता करता है।

12. *छात्रों के अचेतन मन को समझने में सहायक होना* (*Assisting in Understanding the unconscious mind of the Students*): इसमें कोई सन्देह नहीं है कि अचेतन मन छात्रों के मन का मुख्य भाग है तथा उनके विकास में इसका महत्त्वपूर्ण स्थान है। शिक्षा मनोविज्ञान अध्यापक को छात्रों के अचेतन मन से परिचित होने में सहायता प्रदान करता है।

13. *मानसिक स्वास्थ्य के ज्ञान में सहायक होना* (*Assisting in Understanding Mental Hygiene*): माना जाता है कि संतुलित व्यक्तित्व का आधार मानसिक स्वास्थ्य होता है। उसे रीड की हड्डी

की संज्ञा दी जाती है मानसिक स्वास्थ्य का ज्ञान छात्रों की मानसिक चिन्ताओं, खिंचावों तथा विरोधाभासों को जानने में सहायता करता है। अध्यापक उन को मानसिक ज्ञान के द्वारा उचित दिशा प्रदान करता है।

14. *अध्यापकों को अच्छे सम्बन्ध स्थापित करने में सहायक होना* (*Assisting Teachers in Developing Good Relations*): अध्यापक अनेक वर्गों विशेषकर छात्र, अभिभावक तथा अन्य शिक्षक आदि के सम्पर्क में आता है। शिक्षा मनोविज्ञान उसे विवेकपूर्ण दृष्टिकोण अपनाने में सहायक होता है।

15. *शिक्षा मनोविज्ञान के ज्ञान से अध्यापक को अपने को समझने में सहायता देना* (*Assisting the Teacher in Understanding Himself*): शिक्षा मनोविज्ञान के अध्ययन से अध्यापक की अपने व्यक्तित्व को जानने तथा विकास करने की क्षमता बढ़ती है। वह इस बात की भी जानकारी प्राप्त करता है कि उसका अपना मानसिक स्वास्थ्य कैसे ठीक रह सकता है। छात्रों के प्रति उसके दृष्टिकोण में भी उचित परिवर्तन आ जाता है।

सारांश: अधिगमकर्त्ता-मनोविज्ञान अथवा शिक्षा मनोविज्ञान निम्नलिखित कार्यों में शिक्षक विशेष सहायता देता है:

1. अधिगमकर्त्ता को पहचानना–उसकी क्षमताओं का जानना।
2. कक्षा में विभिन्न अधिगमकर्त्ताओं की विभिन्नताओं का जानना तथा तद्नुसार उपयुक्त शैक्षिक वातावरण निर्माण करना।
3. शिक्षण विधियों की उचित जानकारी प्राप्त करना तथा उनका प्रयोग करना।
4. अधिगमकर्त्ता का सर्वांगीण विकास करना।

3

बच्चे के मन का अध्ययन करने की विधियाँ अथवा शिक्षा मनोविज्ञान की विधियाँ (Methods of Study of Child's Mind or Methods of Educational Psychology)

बच्चे के मन को अध्ययन करने की विधियों की आवश्यकता (Need for the Methods of Study of Child's Mind)

अधिगमकर्त्ता का सम्पूर्ण विकास तभी हो सकता है जबकि भली प्रकार से उसकी क्षमताओं तथा सीमाओं का अधययन किया जाए तथा अध्ययन के परिणाम स्वरूप प्राप्त तथ्यों को ध्यान में रखकर उपयुक्त अधिगम विधियों तथा शिक्षण विधियों का प्रयोग किया जाए।

शिक्षा मनोविज्ञान की विधियाँ (Methods of Educational Psychology)

मनोवैज्ञानिक विधियाँ: वर्गीकरण I

(1) मनोवैज्ञानिक विधि (Experimental Method)

(2) विभेदात्मक विधि (Differential Method)

(3) नैदानिक विधि (Clinical Method)

मनोवैज्ञानिक विधियाँ: वर्गीकरण II

(1) प्रेसण अथवा निरीक्षण विधियां (Observation Methods)

- अन्तर्दर्शन प्रणाली (Introspection Method)
- बहिर्दर्शन प्रणाली (Extrospection Method)
- परीक्षण प्रणाली/प्रयोगात्मक प्रणाली (Experimental Method)

(2) प्रतिपाद विधियाँ (Methods of Exposition)

1. विकासात्मक प्रणाली (Developmental Method)
2. व्यक्ति इतिहास प्रणाली (Case Study Method)
3. तुलनात्मक प्रणाली (Comparative Method)
4. निदानात्मक प्रणाली (Diagnostic Method)
5. मनोविश्लेषण प्रणाली (Psychoanlytical Method)
6. सांख्यिकी प्रणाली (Statistical Method)
7. मनोमापन विधियाँ (Psychometric Methods)
8. मनोकृत्यात्मक विधि (Pathological Method)

मनोवैज्ञानिक विधियों का तीसरा वर्गीकरण

1. निरीक्षण अथवा बहिदर्शन विधि (Observation Method),
2. प्रयोगात्मक विधि (Experimental Method),
3. साक्षात्कार विधि (Interview Method),
4. प्रश्नावली विधि (Questionnaire Method),
5. व्यक्तिगत इतिहास विधि (Case History Method),
6. प्रक्षेपण विधियाँ (Projective Techniques),
7. समाजमिति विधि (Sociometric Method)

प्रेक्षण अथवा निरीक्षण अथवा अवलोकन अथवा बहिर्दर्शन विधि (Observation or Extrospection Method)

निरीक्षण विधि का अर्थ (Meaning of Observation Method)

इस विधि में शिक्षा मनोवैज्ञानिक अथवा अध्ययनकर्त्ता छात्र के व्यवहार को स्वभाविक परिस्थिति में देखता है तथा उसके व्यवहार से सम्बन्धित बातें नोट करता है। इस विधि में कानों अथवा वाणी की अपेक्षा अध्ययनकर्त्ता अपने नेत्रों का उपयोग करता है। इस विधि का प्रयोग छात्रों के सामूहिक व्यवहार के अध्ययन में तथा छात्र के व्यक्तिगत व्यवहार से सम्बन्धित किसी परिस्थिति विशेष में अध्ययन किया जाता है। इस प्रकार छात्र के व्यवहार का निरीक्षण करके अध्ययनकर्त्ता कुछ निष्कर्षों पर पहुँचता है। बहिर्दर्शन हेतु अध्यापक अथवा अध्ययनकर्त्ता प्राय: छुपकर छात्र के व्यवहार का निरीक्षण करता है जिससे कि उसकी उपस्थिति में छात्र का व्यवहार प्रभावित न हो और छात्र के स्वाभाविक व्यवहार का अध्ययन हो सके।

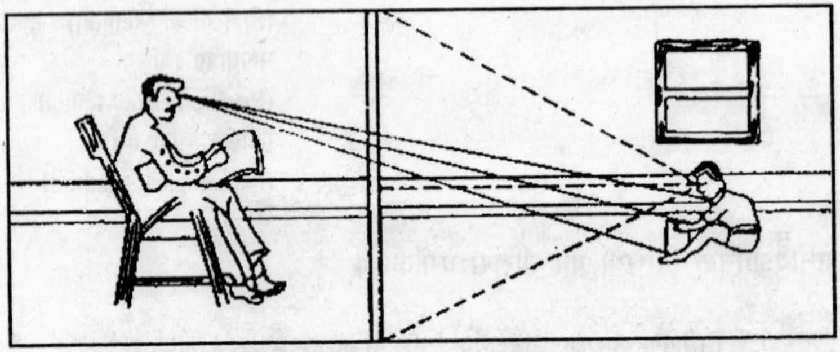

चित्र 3.1: व्यवहार का निरीक्षण (Observation of the Behaviour)

इस विधि में छात्रों की मानसिक क्रियाओं के साथ उनकी शारीरिक क्रियाओं का भी अध्ययन किया जाता है।

यह विधि स्वभाव-निर्माण, मूल प्रवृत्ति के संशोधन, स्मृति, छात्र के अपराधी व्यवहार और थकान आदि की समस्याओं के अध्ययन में विशेष रूप से उपयोगी है।

अवलोकन विधि सम्भवत: सबसे प्राचीन विधि है। इसकी प्रक्रिया में परिवर्तन आता रहा है। डॉक्टर, वैद्य तथा मनोवैज्ञानिक रोगी के व्यवहार को देखकर उसका अनुमान लगाते हैं तथा रोग का निदान करते हैं। किसान आकाश का रंग देखकर, चिड़ियों का व्यवहार देखकर, सूर्य, चन्द्रमा तथा तारों की गति देखकर यह जानने का प्रयास करते हैं कि आगामी मौसम कैसा रहेगा।

प्रेक्षण एक प्रकार का मापन है जो कई बार औजार या उपकरणों के बिना भी किया जाता है।

गुडे तथा हाट (*Goode and Hatt*) ने इस तत्त्व पर बल दिया है कि निरीक्षण विधि में अध्ययनकर्त्ता तथ्यों का अध्ययन अपनी 'आँखों' से करता है।

मोसर (*Mosser*) ने निरीक्षण को वैज्ञानिक पूछ-ताछ की सर्वश्रेष्ठ विधि कहा है।

निरीक्षण विधि के प्रकार

निरीक्षण विधि के प्रकार—वर्गीकरण-I

(Classification I of Observation)

(1) सरल अथवा अनियन्त्रित विधि (Simple or Uncontrolled Observation Method)

(2) व्यवस्थित अथवा नियन्त्रित निरीक्षण विधि (Systematic or Controlled Observation Method)

1. *सरल अथवा अनियन्त्रित निरीक्षण विधि*: **सरल विधि से तात्पर्य उस विधि से है जिसमें किसी घटना का निरीक्षण प्राकृतिक परिस्थितियों में किया जाता है।**

2. *व्यवस्थित अथवा नियन्त्रित निरीक्षण विधि*: युंग (Yung) के अनुसार नियन्त्रित निरीक्षण पूर्व निर्धारित योजना के अनुसार किया जाता है। इसमें पर्याप्त प्रायोगिक प्रक्रिया भी सम्मिलित की जाती है।

निरीक्षण विधि का दूसरा–वर्गीकरण-I

(Classification II of Observation)

(1)	(2)
भागग्राही प्रेक्षण (Participatory Observation)	अभागग्राही प्रेक्षण (Non-Participatory Observation)

भागग्राही प्रेक्षण में प्रयोगकर्त्ता समूह का सदस्य बनकर अवलोकन करता है, परन्तु दूसरे प्रकार में इसके बिना।

निरीक्षण विधि के पद अथवा सोपान (Steps in Observation)

1. *योजना बनाना*: निरीक्षण के लिए उपयुक्त योजना बनाना, उपकरण आदि तैयार करना।
2. *व्यवहार के पक्ष का निर्धारण करना*: छात्र के व्यवहार के उन पक्षों का निरीक्षण अधिक ध्यान से करना जिनका अध्ययन व्यवहार की समस्या से सम्बन्धित है।
3. *व्यवहार को नोट करना*: छात्र के व्यवहार को नोट करना–कभी-कभी मूवी कैमरे तथा टेपरिकार्डर से भी छात्र के व्यवहार को नोट किया जाता है।
4. *निरीक्षण को अंकों में बदलना तथा विश्लेषण करना*: व्यवहारों के नोट करने के पश्चात् निरीक्षणों का यथासम्भव अंकों में बदलकर उनका विश्लेषण करना।
5. *व्याख्या करना*: निरीक्षित व्यवहारों का विश्लेषण करने के पश्चात् उनकी व्याख्या करना।

अच्छे निरीक्षण के गुण (Characteristics of Good Observation)

प्रेक्षण को वैज्ञानिक होने के लिए उसमें निम्नोक्त गुण होने चाहिए:

(क) प्रेक्षण का कोई पूर्व निर्धारित उद्देश्य होना चाहिए।

(ख) प्रेक्षण सुनियोजित होना चाहिए।

(ग) प्रेक्षण का अभिलेखन भी सुव्यवस्थित ढंग से होना चाहिए।

(घ) प्रेक्षण के परिणामों की वैधता एवं विश्वसनीयता बढ़ाने के लिए कुछ नियंत्रण आवश्यक होते हैं।

प्रेक्षण का उपयोग (Application of Observation)

जब किसी व्यक्ति, प्राणी, या उनके समूह के व्यवहार का किसी विशेष परिस्थिति में अध्ययन करना होता है तब प्रेक्षण प्रविधि का उपयोग किया जाता है। जैसे कोई जानवर या बंदर या कोई बालक क्रोध के आवेश में किस प्रकार का व्यवहार करता है, इसका अध्ययन प्रेक्षण के द्वारा किया जा सकता है। इसी प्रकार किसी अध्यापक, प्रधानाध्यापक या अध्यापकों के समूह का छात्रों की अनुशासनहीनता के समय कैसा व्यवहार होता है यह प्रेक्षण का विषय हो सकता है। तात्पर्य यह है कि जब हम मापन के लिए किसी भौतिक उपकरण का प्रयोग नहीं करते, तब प्रेक्षण द्वारा ही मापन करने का प्रयास करते हैं।

प्रेक्षण से लाभ (Merits of Observation)

(1) *विश्वसनीयता (Reliability)*: प्रेक्षण किसी के वास्तविक व्यवहार का प्रत्यक्ष अध्ययन एवं आकलन करता है इसलिए शोध के उपकरण के रूप में यह सर्वाधिक विश्वसनीय है।

(2) *स्वाभाविक वातावनरण में अध्ययन (Study in Natural Situation)*: यह किसी व्यक्ति या व्यक्ति-समूह का स्वाभाविक वातावरण में अध्ययन है इस लिए यह उस अध्ययन से, जो नियंत्रित स्थिति में परीक्षण के लिए किया जाता है अधिक उपयोगी है।

(3) *सभी आयु वर्ग के बच्चों का प्रयोग (Application in All Ages of Children)*: इस प्रविधि का उपयोग सभी उम्र के बच्चों का अध्ययन करने के लिए किया जा सकता है। अवश्य ही बच्चा जितना छोटा होगा उसका प्रेक्षण उतना

ही सरल होगा। विशेषत: संकोची बच्चों का अध्ययन करने के लिए यह प्रविधि सर्वाधिक उपयोगी मानी गई है।

(4) *साधारण प्रशिक्षण* (*Simple Training*): इसके प्रयोग के लिए किसी विशेष प्रशिक्षण की आवश्यकता नहीं पड़ती। प्राय: सभी अध्यापक या शोध छात्र इसका उपयोग कर सकते हैं। इसके लिए किसी उपकरण या औजार की आवश्यकता नहीं पड़ती।

(5) *विस्तृत प्रयोग* (*Wide Use*): इसका प्रयोग किसी भी परिस्थिति में किया जा सकता है चाहे वह कोई शारीरिक क्रिया हो या कार्य-गोष्ठी हो या कक्षा-भवन में छात्रों का व्यवहार हो।

(6) *लोचकता* (*Flexibility*): व्यक्ति अथवा समूह के अनुसार इसमें परिवर्तन किया जा सकता है।

(7) *अधिक लाभदायक* (*More Useful*): अन्य प्रविधियों की तुलना में प्रेक्षण इसलिए अधिक लाभदायक है कि यह वास्तविकता से सम्बन्ध रखता है। अन्य प्रविधियों में हम प्रत्यक्ष व्यवहार को न देखकर उसके सम्बन्ध में वर्णन प्राप्त करते हैं। जैसे यदि कोई छात्र शरारती है तो उसके प्रति अध्यापक का क्या व्यवहार होना चाहिए, इसका उत्तर प्रश्नावली द्वारा यह मिलेगा कि अध्यापक को धैर्यपूर्वक उसे समझाना चाहिए तथा प्रेमपूर्वक व्यवहार करके उसे शरारत का अवसर ही न देना चाहिए। परंतु जो अध्यापक यह उत्तर देता है उसी को हम प्रेक्षण द्वारा देखते हैं कि छात्र के शरारत करते ही वह उसे पीट देता है या कोई अन्य शारीरिक दण्ड दे देता है। अत: अध्यापक के व्यवहार का वास्तविक पता प्रेक्षण द्वारा ही चलता है। वास्तव में जब कोई व्यक्ति किसी व्यवहार का वर्णन करता या उस पर अपना मत व्यक्त करता है तब वह वास्तविक रूप से उस परिस्थिति में न होने के कारण उस परिस्थिति के दबाव या तनाव से मुक्त रहता है। अत: उसका मत स्वाभाविक न होकर कृत्रिम होता है।

इसी प्रकार वास्तविक जीवन में पूर्णतया निरंकुश रहने वाला प्रधानाध्यापक भी सिद्धान्त रूप में प्रजातांत्रिक व्यवहार एवं छात्रों के प्रति प्रेम तथा सहानुभूति को ही प्रमुखता प्रदान करता है।

(8) *अनेक परिस्थितियों में उपयोगिता* (*Useful in Several Situations*): कुछ परिस्थितियाँ ऐसी भी होती हैं जिनमें व्यवहार का वर्णन शब्दों में नहीं व्यक्त किया जा सकता। जैसे वात्सल्य या क्रोध की मात्रा नापना या उसका वर्णन करना उतना सरल तथा सही नहीं हो सकता जितना प्रेक्षण द्वारा देखा जा सकता है। प्रायोगिक विधि में पशुओं या बच्चों के व्यवहार को हम प्रेक्षण द्वारा ही जान सकते हैं। कभी-कभी कुछ व्यक्ति प्रश्नों का उत्तर देने में संकोच करते हैं। ऐसी परिस्थिति में प्रेक्षण द्वारा ही उनके विषय में तथ्यों का संकलन किया जा सकता है।

(9) *मितव्यता* (*Economical*): इसमें विशेष प्रयोगशाला अथवा उपकरणों की आवश्यकता नहीं पड़ती है।

प्रेक्षण की सीमायें (Limitations of Observation)

प्रेक्षण सर्वदा, सब स्थितियों में सम्भव नहीं है। कई बार ऐसा देखा जाता है कि कुछ घटनाएँ ऐसे समय घट सकती हैं जब उनका प्रेक्षण करने के लिए हम तैयार न हों। जिस घटना का हम प्रेक्षण करना चाहते हैं, आवश्यक नहीं कि वह हमारी इच्छा के अनुसार निर्धारित समय पर ही घटे। कोई व्यक्ति नाराज होने पर कैसा व्यवहार करता है इसका प्रेक्षण यदि हमें करना हो तो तब तक हमें प्रतीक्षा करनी पड़ेगी जब तक वह नाराज न हो जाए। कभी-कभी तो कुछ घटनाएँ हमारे जीवन-काल में घटती ही नहीं; जैसे-युद्ध अथवा युद्ध में अणुबम का प्रयोग, भूकम्प, अकाल महामारी इत्यादि।

(1) *सभी घटनाओं का अवलोकन न कर सकना* (*Not Possible to Observe All Events*): कुछ व्यवहार सामान्यतया प्रेक्षणीय नहीं होते। पति-पत्नी का कलह, पारिवारिक कलह, स्त्रियों का प्रसव, संभोग इत्यादि ऐसे व्यापार हैं जिनका प्रेक्षण कठिन है।

(2) *अनेक तत्त्वों की जटिलता* (*Complexity of Several Elements*): प्रेक्षण की परिस्थिति में इतने तत्त्व क्रियाशील रहते हैं कि यह सिद्ध) करना कठिन है कि अमुक व्यवहार अमुक कारण से ही प्रभावित हुआ है।

(3) *सीमित अवधि* (*Limited Duration*): प्रेक्षण की अवधि सीमित होती है। अतः इसके द्वारा सीमित तथ्य ही प्राप्त किए जा सकते हैं।

(4) *अव्यक्त व्यवहार का न देखा जाना* (*No Observation of Invisible Behaviour*): प्रेक्षण में केवल व्यक्त व्यवहार को ही देखा जा सकता है। अव्यक्त अथवा निहित व्यवहार का प्रेक्षण नहीं हो सकता।

(5) *स्ववस्तुनिष्ठता में कमी* (*Less Objectivity*): प्रेक्षण में आत्मनिष्ठता की प्रधानता होने के कारण इसमें पक्षपात की आशंका अधिक रहती है। इसी से कभी-कभी एक समस्या का प्रेक्षण उसी परिस्थिति में अनेक व्यक्तियों द्वारा किया जाता है जिससे सबके मतों का औसत निकालकर वास्तविकता जानी जा सके।

प्रेक्षण के प्रकार (Types of Observation)

प्रेक्षण के दो प्रमुख भेद हैं–नियंत्रित एवं अनियंत्रित प्रेक्षण। नियन्त्रित प्रेक्षण में जिन परिस्थितियों में हम किसी के व्यवहार का प्रेक्षण करना चाहते हैं उन सब परिस्थितयों में हमें पहले से जानकारी होती है। उन वांछित परिस्थितियों का निर्माण करके विषयी (प्रेक्षणीय व्यक्ति) को उसमें रखते हैं और तब उसके व्यवहार का अध्ययन करते हैं। इस प्रेक्षण में हमें पूर्ण रूप से ज्ञात होता है कि कौन सी परिस्थितयाँ किस प्रकार से किस प्रकार के व्यवहार के लिए उत्तेजित कर रही हैं। इस प्रेक्षण में हमें यह पता रहता है कि क्या प्रेक्षण करना है। चूँकि हम प्रयोगशाला में अपनी सुविधा तथा इच्छा के अनुसार परिस्थितियाँ निर्मित करके प्रेक्षण करते हैं इसलिए प्रेक्षण का अभिलेखन करने के लिए भी हम पूर्णतया प्रस्तुत रहते हैं।

अनियन्त्रित प्रेक्षण में जिस परिस्थिति में स्वभावतः कोई व्यवहार घटित होता है उसी परिस्थिति में उसका प्रेक्षण किया जाता है चाहे उसके लिए कितनी ही लम्बी प्रतीक्षा करनी पड़े। उसका अभिलेखन भी कठिन होता है क्योंकि वह परिस्थिति पर निर्भर होता है। व्यवहार संक्षिप्त होगा, अल्पकालीन होगा या विस्तृत तथा दीर्घकालीन, इसका पहले से पता नहीं रहता।

भागग्राही एवं अभागग्राही प्रेक्षण (Participatory and Non-Participatory Observation)

प्रेक्षण का एक दूसरी दृष्टि से भी विभाजन किया जाता है। भागग्राही प्रेक्षण में प्रेक्षक व्यक्ति प्रेक्षणीय समूह का सदस्य बन जाता है और तब वह पूरे समूह का प्रेक्षण करता है। इस कारण यह प्रेक्षण अधिक विश्वसनीय होता है क्योंकि समूह के व्यवहार एवं उसकी समस्त गतिविधियों को सर्वथा स्वाभाविक वातावरण में देखने का अवसर मिलता है। बाहरी व्यक्ति द्वारा जब समूह का प्रेक्षण किया जाता है तब सदस्यों के व्यवहार में औपचारिकता आ जाती है। फलतः प्रेक्षण के परिणाम उतने विश्वसनीय नहीं रह जाते जितने भागग्राही प्रेक्षण में हो सकते हैं। किन्तु भागग्राही प्रेक्षण का एक दोष भी है। जब हम किसी समूह में अधिक समय तक रह जाते हैं तब उस समूह से हमारा घनिष्ठ सम्बन्ध हो जाता है और कभी-कभी तादात्म्य स्थापित हो जाता है। इससे सम्भावना यह हो सकती है कि हमारे प्रेक्षण में आत्मपरकता आ जाए। तब समूह के दोष भी हमें दोष नहीं जान पड़ते। कभी-कभी समूह के व्यवहारों से हम इतने परिचित हो जाते हैं कि हमें उसमें प्रेक्षण करने योग्य कोई विशेष बात दृष्टिगोचर नहीं होती। ये त्रुटियाँ होने पर भी भागग्राही प्रेक्षण को अधिक महत्त्वपूर्ण माना जाता है। अनेक बार समूह के कुछ व्यवहार समूह के सदस्य किसी बाहरी व्यक्ति के सामने व्यक्त नहीं करते। आदिवासियों की बहुत-सी बातों का पता बाहरी व्यक्ति को नहीं लगता परन्तु यदि कोई आदिवासियों में ही रहने लगे और उनका विश्वास प्राप्त कर ले तो वह उनके सभी रीति-रिवाजों को निकट से प्रेक्षित करके वास्तविकता जान सकता है।

अभागग्राही प्रेक्षण का प्रयोग अधिकतर ऐसे समूहों के साथ किया जाता है जो प्रेक्षण के प्रति जागरूक नहीं रहते जैसे बच्चों का समूह अथवा असामान्य व्यक्ति (मन्द बुद्धि, अपराधी मनोवृत्ति वाले, पागल इत्यादि)। प्रेक्षक ऐसे स्थान पर रहकर उनका अध्ययन करता है जिसमें वह यह जान नहीं पाते कि उनका प्रेक्षण हो रहा है। अतः वे स्वाभाविक रूप से अनौपचारिक व्यवहार करते हैं। इस प्रकार के प्रेक्षण में अभिलेखन-उपकरणों (Recording Instruments) का प्रयोग भी किया जा सकता है जैसे-टेपरिकॉर्डर, कैमरा, विद्युत-ऊर्जाचलित मनोवैज्ञानिक उपकरण इत्यादि।

प्रेक्षण में उपयोग लाए जाने वाले उपकरण (Tools Used in Observation)

प्रेक्षण में कभी-कभी निम्नलिखित उपकरणों का प्रयोग भी होता है: (क) जाँच सूची। (ख) श्रेणी प्रमापनी। (ग) उपलब्धि कार्ड। (घ) बारंबारता की जाँच के लिए सादे फॉर्म।

प्रेक्षण को प्रभावी बनाने के लिए कुछ सुझाव (Some Suggestions for Making Observation Effective)

1. प्रेक्षण करने के पूर्व प्रेक्षण के उद्देश्य एवं प्रेक्षणीय बिन्दुओं सम्बन्धी धारणा हमारे मन में होनी चाहिए।
2. प्रेक्षण का परिणाम अंकित करने के लिए कोई वैज्ञानिक ढंग पहले से निर्धारित कर लेना चाहिए।
3. किसी भी घटना का सूक्ष्म प्रेक्षण करना चाहिए जिससे सभी महत्त्वपूर्ण बातों पर ध्यान दिया जा सके और कोई बात छूट न पाए।
4. प्रेक्षण करते समय आत्मनिष्ठता का प्रभाव नहीं होना चाहिए। कभी-कभी प्रेक्षक प्रेक्षणीय समूह या संस्था का सदस्य होने के कारण उसकी त्रुटियों को व्यक्त नहीं करना चाहता।
5. प्रेक्षण में जो वस्तु स्थिति देखी जाए केवल उसी का वर्णन करना चाहिए। अनुमान के आधार पर अपनी व्यक्तिगत राय से निष्कर्ष निकालने का प्रयास नहीं करना चाहिए। यदि किसी प्रधानाध्यापक का प्रेक्षण किया जाता है तो उसके व्यवहार का वर्णन कर देना ही पर्याप्त है। यह कहना उचित नहीं कि वह निरंकुश है।

अन्तर्दर्शन विधि अथवा अन्तर्निरीक्षण विधि (Introspection Method)

अन्तर्दर्शन विधि का अर्थ (Meaning of Introspection Method)

अन्तर्दर्शन विधि से तात्पर्य उस विधि से है जिसमें व्यक्ति स्वयं अपनी भावनाओं तथा क्रियाओं का निरीक्षण करता है। कहा गया है–हे मानव! अपने आपको

जानो–(Man! Know Thyself)। यह विधि प्राचीन काल से चली आ रही है। कुछ विद्वानों के विचार निम्नलिखित हैं:

1. महान दार्शनिक *देकार्ते* (*Descartes–1596-1650 AD*) ने इस प्रकार विचार व्यक्ति किए हैं, "स्वयं प्रत्यक्षीकरण करना अपने बारे में ज्ञान प्राप्त करना है।"
2. *ई.बी. टिचनर* (*E.B. Tichner*) ने अन्तर्दर्शन की इस प्रकार व्याख्या की है, "अन्तदर्शन अन्दर देखना है।"
3. *जी.एफ. स्टाउट* (*G.F. Stout*) के अनुसार, "अन्तर्दर्शन व्यक्ति की स्वयं की क्रियाओं का क्रमबद्ध रीति से अध्ययन करता है।"
4. *ई.आर. हिलगार्ड* (*E.R. Hilgard*) तथा *आर.टी. एटकिंसन* (*R.T. Atkinson*) के शब्दों में–"अन्तर्दर्शन आत्मगत (psru Conscious) घटनाओं तथा अनुभवों के प्रकट होने का कोई स्वरूप है।"
5. *वुडवर्थ* (*Woodworth*) के विचार में, "अन्तर्दर्शन का अर्थ है–'स्व:निरीक्षण' अथवा 'स्व:अवलोकन'।"

अन्तर्दर्शन का शाब्दिक अर्थ (Literary Meaning of Introspection)

'Introsperlion' शब्द दो शब्दों से मिलकर बना है–'Intro' तथा 'Spection'–'Intro' का अर्थ है–'अन्दर अथवा भीतर' तथा 'spection' का अर्थ है–'झांकना'। अत: 'Introspection' का अर्थ है–'भीतर झांकना'।

अन्तर्दर्शन विधि के गुण (Merits of Introspection Method)

(चार्ट अगले पृष्ठ पर देखें।)

अन्तर्दर्शन विधि के दोष तथा सीमाएँ (Demerits or Limitations of Introspection)

1. *मन की चंचलता*: हमारा मन बहुत चंचल होता है। अन्तर्दर्शन ज्ञान इस चंचल मनोवृत्ति से प्रभावित हो सकता है।

अन्तर्दर्शन विधि के गुण
(Merits of Introspection Method)

(1) स्वयं द्वारा निरीक्षण करना

(2) स्वयं द्वारा विवेचन करना

(3) शीघ्र ज्ञान की प्राप्ति

(4) वास्तविक ज्ञान की प्राप्ति

(5) गोपनीय तत्त्व (किसी अन्य व्यक्ति को दूसरे व्यक्ति के बारे में ज्ञान न होना।)

(6) कोई भी स्थान हो निरीक्षण हो सकता है।

(7) समय की सीमा नहीं (किसी समय भी किया जा सकता है)

(8) अध्यापक अपने शिक्षण में सुधार ला सकता है।

(9) छात्र अपने व्यवहार में इस निरीक्षण के आधार पर सुधार ला सकता है।

(10) किसी भी प्रयोगशाला की आवश्यकता का न होना।

(11) किसी विशेष उपकरण की आवश्यकता का न होना।

2. *ध्यान का बँटना*: एक विषय पर एक समय में ध्यान केन्द्रित करना कठिन हो जाता है।
3. *अन्तर्दर्शन की क्षमता*: सभी व्यक्तियों में अपने मन के अन्दर झाँकने की क्षमता नहीं होती है।
4. *व्यक्तिगत अनुभव*: मानसिक क्रियाओं का रूप व्यक्तिगत होता है। अत: यह विधि सारभौमिक (Universal) प्रकृति की नहीं है।
5. *व्यक्तिनिष्ठता*: यह विधि वस्तुनिष्ठ (Objective) नहीं है। इसमें व्यक्तिगत प्रभाव की सम्भावना रहती है।
6. *सीमित अवलोकन*: इस विधि को अर्ध-चेतन (Sub-conscious) तथा अचेतन (Conscious) अनुभवों पर लागू नहीं किया जा सकता है।
7. *अनुदर्शन* (Retrospection): अन्तर्दर्शन करते समय यह सम्भावना रहती है कि व्यक्ति भूतकाल की घटनाओं पर ही विचार करता रहे।
8. *वैज्ञानिक तत्त्व की कमी*: इस विधि में कोई यन्त्र न होने के करण वैज्ञानिक तत्त्व की कमी रह जाती है।

उपसंहार: इस विधि में कुछ दोष आवश्यक हैं परन्तु यह भी सत्य है कि व्यक्ति को समय-समय पर स्वयं आत्म-निरीक्षण करना चाहिए। ऐसा करने से व्यक्ति स्वयं अपने दोषों को सुधार सकता है तथा गुणों का विकास कर सकता है। कुछ विद्वानों का विचार है कि प्रतिदिन व्यक्ति किसी भी समय शान्त मन से अपनी दिनचर्या का अवलोकन करे तथा अपने व्यवहार में वाँछित परिवर्तन लाने के प्रयास करता रहे।

प्रयोगात्मक विधि (Experimental Method)

प्रयोगात्मक विधि का अर्थ

प्रयोगात्मक विधि का अर्थ उस विधि से है जिसके द्वारा 'कार्य-कारण' सम्बन्ध का अध्ययन किया जाता है। 'वैज्ञानिक ढंग' इस विधि की विशेषता है। इस विधि में वातावरण पर अधिक-से-अधिक नियन्त्रण रखकर छात्रों की मानसिक स्थितियों का अध्ययन किया जाता है। परीक्षण के लिए एक विशिष्ट तत्त्व चुन लिया जाता

है और उसे अन्य सम्बन्धित तत्त्वों अथवा कारकों से अलग रखा जाता है जो मानसिक क्रिया तथा व्यवहार पर प्रभाव डाल सकें। प्रयोगात्मक विधि छात्र की रुचि, अरुचि अथवा थकान आदि के कारणों का अध्ययन करने में सहायता देती है। इस विधि से यह भी जाना जाता है कि छात्र पर अध्यापक का किस प्रकार प्रभाव पड़ता है। छात्र की असफलता का कारण क्या है। किन-किन परिस्थितियों में पूरा-पूरा लाभ उठाया जा सकता है।

प्रयोगात्मक मनोविज्ञान द्वारा छात्र के व्यक्तिगत भेदों का अध्ययन पर्याप्त सफलतापूर्वक किया जा सकता है।

1. *जॉन. डब्लू. वैस्ट* (*J.W. Best*) ने प्रयोगात्मक विधि की इस प्रकार परिभाषा दी है, ''प्रयोगात्मक विधि इस बात का वर्णन व विश्लेषण करती है कि क्या होगा? या सावधानीपूर्वक नियन्त्रित की गई परिस्थितियों में नया घटक हो सकता है।''

2. *जहोदा* (*Jahoda*) के शब्दों में, ''नियन्त्रित परिस्थितियों में किए गए निरीक्षण ही प्रयोग हैं।''

3. *कैस्टिंजर* (*Kestinger*) के विचार में, ''प्रयोग का मूलाधार स्वतन्त्र चर (Independent Variable) में परिवर्तन का आश्रित चर (Dependent Variable) पर पड़ने वाले प्रभाव का अध्ययन है।''

4. *मुनरो तथा एनिंगलहर्ट* (*Monore and Englehart*) के अनुसार, ''शिक्षा में प्रयोग इस प्रकार के शैक्षिक अनुसंधान को कहते हैं जिसमें अनुसन्धानकर्त्ता उस बालक या समूह की शिक्षा से सम्बन्धित तत्त्वों का नियन्त्रण कर उसकी उपलब्धि पर प्रभाव डालता है।''

प्रयोगात्मक विधि के मुख्य तत्त्व (Main Elements of Experimental Method)

1. नियन्त्रित स्थिति में अवलोकन।
2. नियन्त्रित वातावरण में मानसिक क्रियाओं तथा अन्य क्रियाओं को उत्पन्न करना।
3. नियन्त्रित वातावरण में प्रदत्त (Data) इकट्ठा करना।

4. एकत्रित दत्तों का विश्लेषण करना।
5. निरीक्षण करने वाला प्रयोगकर्त्ता (Experimenter)
6. व्यक्ति जिसका व्यवहार निरीक्षण किया जाता है, उसे प्रयोज्य (Subject) कहा जाना।

प्रयोगात्मक विधि का आरम्भ (Origin of the Experimental Method)

प्रयोगात्मक विधि का जन्मदाता प्रसिद्ध मनोवैज्ञानिक वुंट (Wund–1832-1920) था, जिसकी पहले भी चर्चा की गई है। उसने सन् 1879 में मनोविज्ञान की प्रथम प्रयोगशाला का निर्माण किया।

प्रयोगात्मक विधि के चरण (Steps of the Experimental Method)

1. *समस्या की उचित परिभाषा*: किसी भी प्रयोग को करने से पहले आवश्यक है समस्या को ठीक ढंग से परिभाषित किया जाए।
2. *सम्बन्धित विषय का अध्ययन*: समस्या को चुनने और उसके कथन के पश्चात् शिक्षा मनोवैज्ञानिक अथवा शोधकर्त्ता समस्या सम्बन्धी साहित्य का अध्ययन करता है।
3. *प्रयोज्य अथवा छात्रों का चयन*: प्रयोज्य से अभिप्राय उन लोगों से होता है जिन पर प्रयोग किया जाता है। एक प्रयोग से उनकी संख्या एक भी हो सकती है और अधिक भी।
4. चर (*Variables*) *अथवा कारक अथवा प्रयोगात्मक अभिकल्प*: किसी भी प्रयोग में कई प्रकार के प्रभावक घटक होते हैं। उनके प्रभाव को अलग-अलग करके देखा जाता है।
5. *उपकरण तथा सामग्री*: प्रयोगकर्त्ता ने प्रयोग में जिन उपकरणों का प्रयोग करना होता है, वह उन्हें अच्छी तरह देखभाल करके प्रयोग में लाता है।
6. *नियन्त्रण*: प्रयोगकर्त्ता यह निश्चित करता है कि समस्या को कौन-कौन से कारक प्रभावित करते हैं और उन्हें कैसे नियन्त्रण में रखा जा सकता है।
7. *निर्देश*: प्रयोगकर्त्ता उन लोगों अथवा छात्रों को जिन पर प्रयोग किया जाता है, उचित निर्देश देता है।

8. *परिणाम*: प्रयोगकर्त्ता आँकड़ों तथा तथ्यों का संकलन करने के पश्चात् उनका वर्गीकरण करता है।
9. *व्याख्या तथा सामान्यीकरण*: आँकड़ों के आधार पर प्रयोगकर्त्ता कुछ निष्कर्ष निकालकर उनकी व्याख्या करता है।

प्रयोगात्मक विधि का संक्षेप में विवरण (Brief Description of the Experimental Method)

प्रयोगात्मक पद्धति भविष्य की ओर उन्मुख करने वाली पद्धति है। इससे भविष्य में क्या होना चाहिए या क्या करना चाहिए इसका संकेत मिलता है। प्रायोगिक विधि में ऐसी नई दशाएँ एवं स्थितियाँ उत्पन्न की जाती हैं जिनका अस्तित्व पहले कभी नहीं था। प्रायोगिक विधि में एक प्रकार से नई स्थितियों का सृजन किया जाता है। किसी प्राकृतिक स्थिति में किसी ज्ञेय, तथ्य या घटना को अनेक कारक प्रभावित करते हैं। उस ज्ञेय के घटित होने में उन समस्त कारकों में से प्रत्येक कारक का समुचित प्रभाव ज्ञात करने के लिए प्रयोक्ता ऐसी प्रायोगिक स्थिति की रचना करता है कि एक बार में केवल एक ही कारक क्रियाशील रहे, शेष सभी कारक स्थिर अर्थात् अपरिवर्तित रहें। इस प्रकार वह अन्य कारकों को नियंत्रित कर देता है। उदाहरणार्थ यदि कोई वनस्पति वैज्ञानिक यह जानना चाहता है कि किसी रासायनिक तत्त्व का किसी पौधे के विकास पर क्या प्रभाव पड़ता है तो वह पौधे के विकास में सहायक सभी तत्त्वों–मिट्टी के तत्त्व, जल, वायु, सूर्य का प्रकाश–में से किसी एक का प्रभाव जानने का प्रयास करेगा। वह एक ही जाति एवं समान आयु के दो पौधे लेगा और उन्हें कांच की दो नलियों में रखेगा। उनमें से हवा तथा नमी निकाल देगा और दोनों नलियों को अन्धकार में रखेगा। इस प्रकार पौधे के विकास में सहायक शेष सभी तत्त्वों को पृथक् करके केवल एक कारक मिट्टी रखेगा और उनमें से एक पौधे पर रासायनिक तत्त्व का प्रभाव जानने के लिए उसका प्रयोग करेगा। इसके फलस्वरूप पौधे में जो परिवर्तन होगा वह उस रासायनिक तत्त्व के कारण हुआ माना जाएगा।

इसी प्रकार एक ही कक्षा के दो वर्ग बनाकर पहले दोनों वर्गों की परीक्षा ले ली जाए और छात्रों के प्राप्तांक अंकित कर लिए जाएँ। तब एक वर्ग को रटने की परम्परागत पद्धति से वर्तनी सिखाई जाए और दूसरे वर्ग को कुछ नियम

बताकर या आगमन विधि से नियम निकलवाकर वर्तनी निश्चित करने का प्रयास कराया जाए। दो-तीन महीने के अभ्यास के पश्चात् दोनों वर्गों की परीक्षा ली जाए। यदि दोनों वर्गों के प्राप्तांकों में अन्तर आए तो समझना चाहिए कि यह अन्तर उस नवीन विधि के कारण है जो परम्परागत विधि से भिन्न है। यदि दोनों वर्गों के प्राप्तांक पूर्ववत् एक-दूसरे से मेल खाते हों तो समझना चाहिए कि दोनों विधियाँ समान रूप से प्रभावित करने वाली हैं।

प्रयोगात्मक पद्धति का उद्देश्य

प्रायोगिक पद्धति का लक्ष्य है किसी ज्ञेय का वर्णन एवं व्याख्या करना, साथ ही उसके घटित होने या विकास को नियंत्रित करके उसके भावी विकास की प्रागुक्ति (Prediction) करना। यह लक्ष्य तभी पूर्ण हो सकता है जब उस ज्ञेय को प्रभावित करने वाली सभी तत्त्वों या कारकों का प्रयोक्ता को ज्ञान हो। विज्ञान में तो ऐसा होना कठिन नहीं है परन्तु सामाजिक विषयों में शिक्षा, समाजशास्त्र, मनोविज्ञान इत्यादि में बहुत कठिन है। प्रेरणा, रुचि, अभिवृत्ति, पूर्वाग्रह, सामाजिक बंधन तथा अनेक प्रकार के दबाव आदि आंतरिक तथा बाह्य कारकों की जानकारी प्राप्त करके उन पर नियंत्रण करना अत्यधिक दुष्कर कार्य है।

प्रयोक्ता यह खोज करना चाहता है कि किस कारक की उपस्थिति में कोई ज्ञेय प्रकट होगा और किसकी उपस्थिति में वह नहीं प्रकट होगा। उन दोनों में कार्य-कारण सम्बन्ध ज्ञात करने के लिए वह दोनों ही पक्षों का अर्थात् उपस्थिति की दशा में एवं अनुपस्थिति की दशा में, वह अध्ययन करता है। इस पद्धति की यह मान्यता है कि यदि 'अ' (कारक) के उपस्थित होने पर 'आ' (ज्ञेय) घटित होता या प्रकट होता है और 'अ' के अनुपस्थित रहने पर 'आ' घटित या प्रकट नहीं होता तो 'आ' का कारक 'अ' हो सकता है। उन दोनों में किसी-न-किसी अनुपात में गणितीय सम्बन्ध होना चाहिए जिसका पता सांख्यिकी द्वारा लगाया जा सकता है।

प्रयोगात्मक विधि की विशेषताएँ

(1) इसकी मूलभूत मान्यताएँ जे.एस. मिल (J.S. Mill) के एकल चर

(Single Variable) के नियम पर आधारित हैं। मिल के इस नियम के अनुसार यदि दो स्थितियाँ पूर्णतया समान हैं तो एक में एक तत्त्व जोड़ देने या कम कर देने पर एवं दूसरी को यथावत् रहने देने पर यदि कोई अन्तर ज्ञात होता है तो वह जोड़े गए या कम किए गए तत्त्वों की क्रिया का परिणाम होता है। जैसा कि ऊपर के उदाहरणों में दिखाया गया है। इस प्रकार के प्रयोगों में केवल एक चर को जोड़ा या घटाया जाता है, शेष अपरिवर्तित रहते हैं। इससे उस एक चर की प्रतिक्रिया या प्रभाव ज्ञात किया जाता है।

(2) शैक्षिक अनुसंधान में अधिकतर इस पद्धति का प्रयोग इसलिए किया जाता है क्योंकि वह अधिक प्रामाणिक है। जहाँ पर अन्य घटक या कारक नियंत्रित किए जा सकते हैं, वहाँ इस पद्धति का प्रयोग बहुत प्रभावशाली एवं उपयोगी पाया गया है।

(3) चूँकि शिक्षा के क्षेत्र में विषय वस्तु जटिल मानव है इसलिए समस्त चरों को सफलतापूर्वक नियंत्रित कर सकना असम्भव है। इसी से कहा जाता है कि प्रायोगिक पद्धति पूर्णतया सुनिश्चित पद्धति नहीं है।

(4) आयु, उपलब्धि, बुद्धि, वाचन योग्यता, परिश्रम, सामाजिक स्तर, वातावरण, जाति, सम्प्रदाय आदि में से एक को छोड़कर शेष को समाप्त करने का प्रयास कक्षा के प्रयोगों में किया जाता है। विद्यमान समूहों का उपयोग करते हुए प्रयोगों का संचालन यह विश्वास करते हुए किया जाता है कि अनियंत्रित चर अध्ययन के लिए आवश्यक अथवा महत्त्वहीन होते हैं। नियंत्रित समूह तथा प्रयोगात्मक समूह किसी निश्चित प्रयोग के लिए जितने समान (Identical) होने चाहिए उतने कभी नहीं हो सकते।

प्रायोगिक अनुसंधान के विधान (Design)

प्रयोगों के अनेक प्रकार के विधानों का आविष्कार हुआ है। इन विधानों को निम्नलिखित चार प्रमुख भागों में रखा जा सकता है:

(1) एकल समूह विधान (Single Group Design),

(2) बहुसमूह विधान (Multi Group Design),

(3) सह-यमज-नियंत्रण विधान (Corelative Control Design)

(4) सांख्यिकीय विधान (Statistical Design),

(1) *एकल समूह विधान*

यह एक सरल विधान है जिसके दो रूप व्यवहार में लाए जाते हैं–उत्तर-परीक्षा विधान (Post-test Design) और पूर्व-उत्तर परीक्षा विधान (Pre-post-test Design)

(A) *उत्तर परीक्षा विधान*: इस विधान का आयोजन तब किया जाता है जब प्रयोक्ता परीक्षा का उपभोग एक ही बार करना चाहता है। चित्र-सम्बन्धी कुछ परीक्षाएँ ऐसी होती हैं जिनका उपयोग एक बार करने के बाद परीक्षा की विषय-वस्तु याद हो जाती है और दूसरी परीक्षा की उपलब्धियों को प्रभावित कर सकती हैं इसके अतिरिक्त कभी-कभी प्रयोक्ता को केवल एक बार सत्रांत में परीक्षा लेने की सुविधा प्राप्त होती है अत: उत्तर परीक्षा विधान में प्रयोक्ता स्वतंत्र परिवर्ती के उपयोग से उत्पन्न तथ्यों को संकलित करता है फिर स्वतंत्र परिवर्ती के प्रभाव का परीक्षण करता है और इसके परिणामों की तुलना पिछले सत्र में ली गई परीक्षा के परिणामों से करता है। ध्यान रहे कि दोनों परीक्षाओं में वे ही छात्र बैठाए जाएँ अन्यथा परिणाम भिन्न होंगे और शोध कार्य सफल नहीं माना जा सकता।

(B) *पूर्व तथा उत्तर विधान*: इस विधान के भी दो रूप हैं। इन दोनों रूपों में प्रायोगिक समूह एक ही रहता है परन्तु दो प्रकार के तथ्य संकलित किए जाते हैं। एक तो स्वतंत्र परिवर्ती की क्रिया से पूर्व और दूसरा उसकी क्रिया के उपरांत। तब पूर्व तथ्य एवं उत्तर तथ्य की तुलना करके स्वतंत्र परिवर्ती के प्रयास का मापन कर लिया जाता है। परन्तु पूर्व परीक्षा के प्रभाव को दूर करने के लिए उत्तर तथ्य की तुलना पिछले वर्ष के तथ्य से की जाती है। दोनों प्रकार की तुलनाओं के अन्तर को देखकर पूर्व परीक्षा के कुप्रभाव (यदि कोई हो तो) नापे जा सकते हैं।

एकल समूह विधान की आधारभूत मान्यता यह है कि प्रायोगिक समूह के व्यक्ति एक वर्ष पूर्व तथा एक वर्ष बाद बिल्कुल समान रहेंगे, परन्तु बच्चों का विकास इतना तीव्रगति से होता है कि यह मान्यता सही नहीं हो सकती। फिर भी अपनी सरलता के कारण यह विधि अधिक व्यवहार में लाई जाती है।

(2) *बहु-समूह-विधान*

इस प्रकार के विधान में दो या दो से अधिक समूहों का चुनाव किया जाता है। इन समूहों को जितना अधिक समान (एक जैसा) रखा जा सकता है रखने का प्रयास किया जाता है। उनमें से एक समूह पर स्वतंत्र परिवर्ती की क्रिया प्रारम्भ की जाती है, या उसे हटा दिया जाता है अथवा उसमें कुछ परिवर्तन कर दिया जाता है। अन्य समूहों पर इस प्रकार की कोई क्रिया नहीं की जाती। प्रथम समूह को प्रायोगिक समूह कहते हैं और अन्य को नियंत्रित समूह। प्रायोगिक समूह में स्वतंत्र परिवर्ती की उपस्थिति, अनुपस्थिति या हेर-फेर के कारण परिवर्तन हो सकते हैं परन्तु नियंत्रित समूह या समूहों में स्वतंत्र परिवर्ती के प्रयुक्त न होने के कारण कोई परिवर्तन नहीं होता। प्रयोग में अन्त में दोनों समूहों का मापन करने के बाद यदि दोनों के प्राप्तांकों में समानता हो तो निष्कर्ष यह निकलेगा कि स्वतंत्र परिवर्ती का कोई प्रभाव नहीं पड़ता। इसके विपरीत यदि दोनों की उपलब्धियों में अन्तर आता है तो वह स्वतंत्र परिवर्ती के कारण माना जाएगा।

बहुसमूह विधान के चार प्रमुख रूप होते हैं–

(i) एक नियंत्रण समूह सहित उत्तर मापन विधान;

(ii) एक नियंत्रण समूह सहित पूर्व और उत्तरमापन विधान;

(iii) बहुनियंत्रण समूह विधान; तथा

(iv) क्रमवर्तित समूह विधान।

(3) *सह-यमज नियंत्रण विधान*

इसके अन्तर्गत समान यमजों (Identical Twins) को प्रयोग के लिए लिया जाता है। उनमें से एक नियंत्रण का कार्य करता है और दूसरे पर स्वतंत्र परिवर्ती का प्रयोग किया जाता है।

(4) *सांख्यिकीय विधान*

सांख्यिकीय विधान के क्षेत्र में कारक विश्लेषण विधान (Factorial Analysis) एक क्रांतिकारी आविष्कार है। मानव-व्यवहार को अनेक कारक (परिवर्ती)

प्रभावित करते हैं। उनका प्रभाव पृथक्-पृथक् ही नहीं पड़ता वरन् उनका अन्तर्क्रियात्मक (Interactive) प्रभाव भी व्यवहार पर पड़ता है। इसके अतिरिक्त परिवर्तियों के भी घटक होते हैं। प्रत्येक घटक किसी परिवर्ती में कम या अधिक मात्रा में हो सकता है। उदाहरणार्थ–बुद्धि नामक परिवर्ती के कई घटक होते हैं जैसे–भाषायी योग्यता, स्मृति, निगमनात्मक तर्क, प्रत्यक्षीकरणात्मक गति इत्यादि। ये घटक किसी व्यक्ति की बुद्धि में भिन्न-भिन्न मात्रा में रहते हैं। प्रत्येक परिवर्ती भिन्न-भिन्न व्यक्तियों में भिन्न-भिन्न मात्रा में विद्यमान रहता है। यही कारण है कि सामाजिक विज्ञानों में प्रायोगिक अनुसंधान उतने सही और सूक्ष्म परिणाम नहीं दे सकते जितने भौतिक विज्ञान में प्राप्त किए जा सकते हैं।

परन्तु कारण-विश्लेषण की प्रविधि ने उपयुक्त कठिनाईयों को कम कर दिया है। कारक विश्लेषण वह सांख्यिकीय पद्धति है जिसके द्वारा प्रत्येक परिवर्ती के स्वतन्त्र प्रभाव तथा अन्तर्क्रियात्मक प्रभाव का मापन किया जाता है। परिवर्तियों के विभिन्न स्तरों के विभिन्न प्रभावों का भी मापन किया जाता है। कारक-विश्लेषण सम्बन्धी विधान हो सकते हैं। जटिल विधानों में अनेक परिवर्ती हो सकते हैं।

प्रयोगात्मक विधि के लाभ अथवा उपयोगिता (Merits of the Experimental Method)

प्रयोगात्मक विधि के उपयोग के बारे में वुडवर्थ (Woodworth) ने लिखा है, "प्रयोग ने मनोविज्ञान को पूर्ण बना दिया है।"

1. इस विधि द्वारा कार्य और कारणों का अध्ययन जितनी शुद्धता से किया जा सकता है, उतना दूसरी किसी विधि द्वारा नहीं किया जा सकता।
2. प्रयोगात्मक विधि द्वारा एक अध्यापक दक्षतापूर्वक अपने विद्यार्थियों की मानसिक और भौतिक दशाओं का पता लगाकर उचित वातावरण प्रदान कर सकता है।
3. इस विधि में कार्य और कारण सम्बन्धों का अध्ययन एक या अधिक नियन्त्रित समूह (Control Group) तथा प्रयोगात्मक समूह (Experimental Group) की सहायता से सुगमतापूर्वक किया जा सकता है।

4. इस विधि के प्रयोग से प्राप्त परिणाम विश्वसनीय होते हैं।
5. इस विधि का प्रयोग अधिक कुशलता से किया जा सकता है।
6. प्रयोगात्मक विधि के परिणाम वैध (Valid) होते हैं।
7. प्रयोगात्मक विधि के परिणाम सार्वभौमिक (Universal) होते हैं।
8. प्रयोगात्मक विधि का प्रयोग व्यापक रूप से किया जा सकता है–जैसे बुद्धि मापन, व्यक्तित्व मापन आदि।
9. प्रयोगात्मक विधि के प्रयोग की पूर्व योजना बनाई जा सकती है तथा प्रयोगकर्त्ता अवलोकन के लिए तैयार हो सकता है।
10. प्रयोगात्मक परिणामों की सत्यता की दोहराने की जाँच की जा सकती है।
11 प्रयोगात्मक विधि द्वारा व्यक्ति के विभिन्न पक्षों का सांख्यांक मापन (Quantitative Measurement) किया जा सकता है।
12. प्रयोगों को दोहराया जा सकता है।
13. प्रयोग में परिस्थितियों को नियन्त्रित किया जा सकता है।
14. प्रयोगात्मक विधि द्वारा शिक्षा की अनेक समस्याओं का समाधान किया जा सकता है।

प्रयोगात्मक विधि की सीमाएँ तथा दोष (Limitations and Drawbacks of the Experimental Method)

1. *कारकों पर नियन्त्रण की सीमा*: छात्रों के व्यवहार की जटिलता और गतिशीलता के कारण कारकों को नियन्त्रित करना कठिन हो जाता है।
2. *वैयक्तिक तत्त्वों का प्रभाव*: प्रयोगकर्त्ता की अपनी मान्यताएँ प्रयोग के परिणामों की व्याख्या करने पर प्रभाव डाल सकती हैं तथा प्रयोग के वैज्ञानिक तत्त्व को दूषित करती हैं।
3. *प्रयोगशाला में अस्वाभाविक अथवा कृत्रिम परिस्थितियाँ*: ऐसा देखा गया है कि कई बार प्रयोग प्रयोगशाला की अस्वाभाविक परिस्थिति में किया जाता है तथा जिस प्रकार प्रयोग किया जाता है वह स्वाभाविक

व्यवहारों को छिपाकर बनावटी व्यवहार प्रदर्शित कर सकता है। ऐसी स्थिति में प्राप्त तथ्य तथा आँकड़े शुद्ध नहीं होंगे।

4. *ज़टिल स्थितियों में प्रयोग*: कुछ जटिल मानसिक प्रक्रियाओं और सामाजिक परिस्थितियों का प्रयोगशाला में अध्ययन इस विधि द्वारा कठिन है।
5. *प्रयोगकर्त्ताओं के साथ सहयोग की कमी*: कभी-कभी प्रयोज्य (जिन पर प्रयोग किया जाता है) प्रयोगकर्त्ताओं के साथ पूरा-पूरा सहयोग नहीं करते हैं।
6. *सभी प्रयोग छात्रों पर सम्भव नहीं*: यदि हम अधिगम (सीखने) की क्रिया पर मस्तिष्क के विभिन्न भागों के प्रभाव का अध्ययन करना चाहें तो यह प्रयोगशाला में करना सम्भव नहीं है।
7. *लम्बी अवधि* (*Lengthy Duration*): इस विधि में बहुत समय लगता है।
8. *महंगी* (*Costly*): इस विधि के प्रयोग में अधिक व्यय की आवश्यकता पड़ती है।
9. *प्रशिक्षण*: इस विधि के प्रयोग के लिए अपेक्षाकृत अधिक प्रशिक्षण तथा दक्षता की आवश्यकता पड़ती है।

निष्कर्ष: सीमाओं के होते हुए भी माना जाता है कि प्रयोगात्मक विधि का शिक्षा में बहुत महत्त्व है।

प्रयोगात्मक विधि के प्रयोग में सावधानियाँ (Precautions to be taken in the Use of Experimental Method)

प्रयोगात्मक शोधकर्त्ताओं के लिए व्यावहारिक सुझाव

(1) प्रयोगात्मक अनुसंधाताओं को प्रयोगात्मक प्रक्रिया में भली-भाँति प्रशिक्षित होना चाहिए।

(2) प्रस्तुत समस्या का विश्लेषण यदि किसी अन्य विधि द्वारा न हो सके तभी प्रायोगिक विधि का प्रयोग करना चाहिए।

(3) प्रयोगात्मक घटक तथा आश्रित परिवर्ती की प्रकृति एवं उसके क्षेत्र की व्याख्या उपयुक्त रूप से की जानी चाहिए।

(4) प्रयुक्त किए जाने वाले माप विश्वसनीय एवं वैध हों।

(5) प्रयोगात्मक घटकों या कारकों को भली–भाँति नियंत्रित कर लेना चाहिए।

(6) प्रयोगात्मक पद्धति से प्राप्त परिणामों को सत्यापित कर लेना चाहिए।

वैयक्तिक अध्ययन (Case Study)

वैयक्तिक अध्ययन का अर्थ (Meaning of Case Study)

किसी एक समस्या से सम्बन्धित सभी पक्षों का अध्ययन करना। अध्ययन के लिए गृहीत विषयी (Subject to be studied) कोई व्यक्ति, संस्था, परिवार, अस्पताल, विद्यालय इत्यादि कुछ भी हो सकता है। इस प्रकार का अध्ययन किसी व्यक्ति विशेष या वस्तु विशेष की वर्तमान अवस्था का सबसे अधिक व्यापक तथा गहन मूल्यांकन है। वर्तमान परिस्थिति या हैसियत (Status) को निर्धारित करने वाले सभी कारकों का अध्ययन इस शोधविधि की विशेषता है। सब कारकों का पता लगाने के लिए उपलब्ध सभी पद्धतियों एवं उपकरणों का उपयोग करके विषयी (Subject) के सम्बन्ध में सभी प्रकार की जानकारी एकत्र की जाती है।

केस-अध्ययन के लिए सामग्री (प्रदत्तों) का संकलन (Data Needed for Case Study)

किसी भी केस का अध्ययन करने के पूर्व उस केस के सब पहलुओं की सूची तैयार कर लेनी चाहिए। उसके बाद तथ्य संग्रह के लिए उपकरणों एवं पद्धतियों का चयन करना चाहिए। तब केस की प्रकृति को दृष्टि में रखकर उन पद्धतियों एवं उपकरणों के प्रयोग का क्रम निर्धारित करना चाहिए।

प्रत्येक केस अद्वितीय होता है। इसलिए तथ्य संग्रह करने के विषय में कोई एक रूपरेखा नहीं बनाई जा सकती। प्रत्येक केस का अध्ययन अपने ढंग का एक अनोखा अनुभव होता है। उदाहरण के लिए किसी अपराधी मनोवृत्ति वाले छात्र का अध्ययन करने में निम्नलिखित सोपानों का उपयोग भी किया जा सकता है:

(1) छात्र के व्यक्तित्व एवं पर्यावरण से सम्बद्ध सभी पहलुओं की सूची तैयार करना।

(2) इन पहलुओं के विषय में तथ्य संग्रह करने के लिए पद्धतियों तथा उपकरणों का चयन करना तथा उनके उपयोग का क्रम निर्धारित करना। उपलब्ध अभिलेखों का अध्ययन करना।

(3) निर्धारित क्रम के अनुसार छात्र विशेष सम्बन्ध में तथ्यों का संकलन करना।

(4) तथ्यों, आँकड़ों आदि का विश्लेषण करना, वर्गीकरण करना तथा विभिन्न स्रोतों से प्राप्त सामग्री की तुलना करना।

(5) छात्र के विषय में सम्पूर्ण संगृहीत सामग्री को ध्यान में रखकर प्रत्येक तथ्य का अर्थापन (Interpretation) करना, उनमें पारस्परिक संगति या विसंगति का अध्ययन करके सम्पूर्ण व्यक्तित्व का संगतिपूर्ण (Consistent) चित्र प्रस्तुत करना चाहिए।

(6) समस्या का निदान करना।

(7) उपचार के लिए कार्यक्रम प्रस्तावित करना।

(8) कार्यक्रम के मूल्यांकन के लिए अनुवर्ती अध्ययन (Follow-up Study) करना चाहिए।

अनुभवहीन नए शोध-कर्त्ता को यह ध्यान रखना चाहिए कि जो भी केस अध्ययन के लिए, उसे खुले मन से देखना चाहिये। उसके विषय में यदि पहले से कोई धारणा बनी है या पूर्वाग्रह है तो उसे सर्वथा त्याग कर उन्मुक्त हृदय हो जाना चाहिए। अनुसंधान द्वारा प्रकाश में आए तथ्यों के अनुसार अपनी धारणा को बदलने के लिए प्रस्तुत रहना चाहिए।

वयक्तिक अध्ययन के लिए प्रदत्तों (सामग्री) के प्रकार (Types of Data Needed in Case Study)

अपराधी मनोवृत्ति के छात्र के विषय में निम्नलिखित प्रकार से जानकारी प्राप्त करनी चाहिए:

(1) *शारीरिक स्वास्थ्य*: विद्यालय में किए गए स्वास्थ्य-परीक्षण के परिणाम। कोई शारीरिक दोष (यदि हो)। भोजन की आदत, भोजन में पोषण तत्त्व, लम्बाई, भार, लम्बाई और भार का अनुपात।

स्वास्थ्य का संक्षिप्त इतिहास, कब-कब छात्र बीमार पड़ा, कैसे अच्छा हुआ? यदि कभी चोट आई तो कैसे?

स्वास्थ्य की वर्तमान स्थिति।

(2) *शैक्षिक स्तर*: उम्र, कक्षा तथा कक्षा में उपस्थिति। पिछली परीक्षाओं के परिणाम। निदानात्मक परीक्षा के फलस्वरूप ज्ञान, विशेष त्रुटियाँ, योग्यताएँ, एवं कुशलताएँ। विद्यालय में शैक्षिक कार्यों का इतिहास। शिक्षा की भावी योजनाएँ।

(3) *बौद्धिक स्तर*: मानसिक आयु एवं बुद्धि-लब्धि। विशेष योग्यताएँ-अयोग्यताएँ। विभिन्न अभिक्षमताएँ।

(4) *व्यक्तित्व*: व्यक्तित्व-मापन की वस्तुनिष्ठ पद्धतियों के परिणाम, व्यक्तित्व-मापन की विषयनिष्ठ पद्धतियों के परिणाम। व्यक्तित्व-मापन की प्रेक्षण-पद्धतियों के परिणाम।

(5) *घर-परिवार तथा पड़ोस का वातावरण*: परिवार के सदस्यों की संख्या, उनकी उम्र, लिंग, छात्र से सम्बन्ध। परिवार का आर्थिक-सामाजिक स्तर, परिवार के सदस्यों का शैक्षिक स्तर, प्रस्तुत अध्ययन के प्रति उनकी अभिवृत्ति, उनके द्वारा प्राप्त सहयोग इत्यादि।

माता-पिता की संवेगात्मक प्रकृति, अध्यापकों, विद्यालय तथा गृह-कार्य के प्रति उनकी अभिवृत्ति। माता-पिता का अपने पड़ोसियों से सम्बन्ध, बालक के संगी-साथी पड़ोसी।

(6) *विद्यालय का वातावरण*: कक्षा में सहपाठियों के साथ समंजन (Adjustment), समाजमिति (Sociometry) द्वारा प्राप्त परिणाम। कक्षा में उसकी परिस्थिति (Status) या स्थान, (अर्थात् उपेक्षित या लोकप्रिय) अन्य छात्रों की उसके प्रति अभिवृत्तियों, विद्यालय की पाठान्तर क्रियाओं में उसकी भागेदारी। छात्र की मित्र-मण्डली के क्रियाकलाप, अध्यापकों की अध्येतव्य बालक (Subject or Child under study) के प्रति अभिवृत्ति।

(7) कोई अन्य जानकारी जो प्राप्त हुई हो या हो सके।

केस-अध्ययन की कठिनाइयाँ (Difficulties in Preparing Case Study)

केस-अध्ययन के लिए अनेक प्रकार की प्रविधियों एवं उपकरणों का उपयोग किया जाता है; जैसे साक्षात्कार, प्रेक्षण, अभिलेखों का अध्ययन, बुद्धि-परीक्षा, अभिवृत्ति, प्रमापनी, प्रेक्षण प्रविधि इत्यादि। इसमें वस्तुनिष्ठ पद्धति (Objective Method) द्वारा विश्वसनीय जानकारी प्राप्त की जाती है। फिर भी साक्षात्कार (विशेषत: माता-पिता का जो अपनी संतान के प्रति पक्षपात से मुक्त शायद ही रह सकें) की वैधता एवं विश्वसनीयता पूर्णतया शुद्ध हो, इसमें संदेह है।

विषयी के जीवनवृत्त अथवा इतिहास सम्बन्धी तथ्यों का क्रमबद्ध संकलन भी एक समस्या उत्पन्न करती है। साक्षात्कारणीय व्यक्ति की स्मृति, उसका मत तथा निर्णय सर्वथा विश्वसनीय नहीं होते।

केस-अध्ययन एक जटिल कार्य है जिसे कोई सामान्य बुद्धि वाला व्यक्ति या नौसिखिया (नया) शोध-कर्त्ता सफलतापूर्वक नहीं कर सकता। उसे प्रशिक्षित, अनुभवी परिश्रमी तथा कर्त्तव्यनिष्ठ होना चाहिए।

केस-अध्ययन तथा अन्य विधियाँ (Case Study and Other Methods)

केस-अध्ययन एवं अन्य विधियों में प्रमुख अन्तर यह है कि अन्य विधियों में समूह का भी सर्वेक्षण होता है परन्तु इसमें एक व्यक्ति का (इकाई का) अध्ययन करना ही प्रमुख लक्ष्य रहता है। ऐतिहासिक विधि के समान ही केस-अध्ययन में विषयी के सम्पूर्ण इतिहास या जीवन-वृत्त का अध्ययन किया जाता है। विषयी से सम्बद्ध पुरातन अभिलेखों, पुरालिपियों, हस्तलिखित ग्रन्थों आदि का भी अध्ययन किया जाता है। परन्तु ऐतिहासिक विधि से इसमें एक भिन्नता है। इसमें साक्षात्कार एवं प्रक्षेपण प्रविधियों (Projective Techniques) द्वारा विषयी के इतिहास के सूक्ष्म एवं अप्रकट तत्त्वों का मूल्यांकन भी किया जाता है जो ऐतिहासिक विधि में सम्भव नहीं है। केस-अध्ययन में इतिहास के अध्ययन का एकमात्र लक्ष्य वर्तमान को समझना होता है जो अनेक ऐतिहासिक अध्ययनों का लक्ष्य नहीं होता।

प्रायोगिक विधि एवं केस-अध्ययन विधि में भी कुछ समानताएँ हैं। दोनों का लक्ष्य परिणाम के कारणों की जानकारी है। परन्तु दोनों में अन्तर यह है कि

प्रायोगिक विधि में पर्यावरण को नियंत्रित किया जाता है किन्तु केस-अध्ययन विधि में ऐसा नहीं किया जाता।

केस-अध्ययन में यह आवश्यक है कि अध्येतव्य विषयी के विभिन्न पहलुओं को उसमें होने वाली अन्तर्क्रियाओं (Inter-action) का गहन अध्ययन किया जाए। इसके बिना अध्ययन पूर्ण नहीं हो सकता। जब हम अनेक व्यक्तित्वों में इन अन्तर्क्रियाओं का गहन अध्ययन करेंगे तब उन सिद्धान्तों का पता लगेगा जिनसे वे अन्तर्क्रियाएं नियमित होती हैं।

प्राकृतिक विज्ञानों में यह सुविधा है कि वे एक रूप पर्यावरण का अध्ययन कर सकते हैं परन्तु शिक्षा तथा सामाजिक विज्ञानों के क्षेत्र में यह सम्भव नहीं है। मौलिक, सामाजिक, सांस्कृतिक पर्यावरण की समानता होते हुए भी मनोवैज्ञानिक पर्यावरण भिन्न हो सकता है। जैसे यदि किसी माता-पिता का अपने सभी पुत्रों के साथ समान व्यवहार है (जो सर्वथा संदिग्ध है, क्योंकि थोड़ा बहुत अन्तर तो होता ही है) तो भी उन पुत्रों का मनोवैज्ञानिक पर्यावरण एक समान नहीं होगा क्योंकि बड़े भाई के लिए एक छोटा भाई है जिसका मनोवैज्ञानिक पर्यावरण अपने बड़े भाई से भिन्न होगा। यही कारण है कि कृत परीक्षाएँ, सामूहिक प्रश्नावलियाँ, सामूहिक साक्षात्कार आदि के द्वारा जन-समूह मानकी स्थूल बातों का पता लग सकता है परन्तु व्यक्ति-विशेष के व्यक्तित्व का पता लगाना कठिन है। प्रत्येक व्यक्ति दूसरों से भिन्न होता है।

किसी व्यक्ति के विकृत अथवा असामान्य (Abnormal) व्यवहार के निदान (Diagnostic) तथा उपचार (Remedial) के लिए केस-अध्ययन आवश्यक होता है। यदि अच्छे परिवार का कोई बालक अपराधी मनोवृत्ति का हो जाता है और कक्षा में चोरी करना, कक्षा से भागकर सिनेमा देखना, बुरे लड़कों के संग में धूम्रपान या मद्यपान करना आदि दुर्गुणों का शिकार हो जाता है तो उसका व्यक्तिगत अध्ययन आवश्यक होता है, क्योंकि अपराधी-मनोवृत्ति के अनेक कारण होते हैं जैसे–घर-परिवार में उपेक्षा या दुर्व्यवहार, विमाता, पास-पड़ोस का प्रभाव, कुसंगति, सिनेमा, दूरदर्शन इत्यादि। इनमें से प्रत्येक कारण जटिल है और उनका गहन अध्ययन किए बिना रोग का निदान एवं उसका उपचार सम्भव नहीं है। मानसिक चिकित्सा विज्ञान की नींव ही केस-अध्ययन पर पड़ी है। आयुर्विज्ञान में भी केस-अध्ययन को बहुत महत्त्व प्रदान किया जाता है। होमियोपैथी तो इसी पर पूर्णतया आधारित है।

केस-विधि, केस-कार्य तथा केस-अध्ययन का अन्तर

केस-विधि शिक्षण की एक विधि है जिसका उपयोग आयुर्विज्ञान तथा अन्य चिकित्सा-विज्ञानों में किया जाता है। केस-कार्य का अर्थ है–विषयी का सुधार करना जिससे उनका समुचित विकास हो सके। यह वास्तव में विषयी का उपचार है। इसका उपयोग अधिकतर समाज-शास्त्र तथा समाज-सेवा के कार्यों में होता है जिनमें व्यक्तियों का सुधार करना प्रमुख लक्ष्य रहता है। मनोविज्ञान, आयुर्विज्ञान या अन्य चिकित्सा-शास्त्रों में इस प्रकार के सुधार को चिकित्सा (थेरेपी) कहते हैं। केस-अध्ययन किसी विषयी (केस) का गहन अध्ययन है जिसके द्वारा उस केस की वर्तमान अवस्था की जानकारी प्राप्त की जा सके, कारणों का पता लगे, उस का निदान एवं उपचार करके उसका सुधार किया जा सके।

प्रक्षेपण विधियाँ अथवा तकनीकें
(Projective Methods or Techniques)

प्रक्षेपण विधियों का अर्थ (Meaning of Projective Methods)

छात्र के व्यक्तित्व को भली-भाँति समझने के लिए प्रेक्षण विधियों का उपयोग किया जाता है जो छात्र की अचेतन आकांक्षाओं, प्रेरणाओं तथा भावनाओं आदि के विषय में जानकारी दे सकें। प्रक्षेपण विधियाँ एक प्रकार की क्रियाएँ हैं जिनके द्वारा व्यक्ति अथवा छात्र अपनी दबी हुई इच्छाओं को किसी प्रतिक्रिया द्वारा बाहर प्रकट करता है। यह विधियाँ छात्र के कल्पनाशील उत्तरों पर आधारित हैं।

प्रक्षेपण विधियों के प्रकार (Types of Projective Methods)

1. *रोर्शा स्याही परीक्षण* (*Rorschach Inkblot Test*)

इस परीक्षण विधि के जन्मदाता स्विटजरलैण्ड निवासी हरसन रोर्शा (Hermann Rorschach) थे। इसमें 10 कार्ड होते हैं। 5 कार्डों पर पूरी तरह काले, 2 पर काले तथा लाल तथा बाकी 3 कार्डों पर रंग-बिरंगे धब्बे अत्यन्त सावधानी तथा मनोवैज्ञानिक ढंग से बनाए जाते हैं। ये कार्ड छात्र को एक-एक करके क्रमानुसार

दिखाए जाते हैं, फिर उनसे पूछा जाता है कि वे इसमें क्या देखते हैं। धब्बों से विभिन्न चीजों तथा तथ्यों का बोध होता है, जैसे बिगुल बजाती बालिकाएँ, चिड़ियाँ, पशु, दैत्य आदि। छात्र पर होने वाली प्रतिक्रियाओं को ध्यानपूर्वक देखा जाता है। छात्र के उत्तर देने का ढंग, उत्तर देने की क्रिया, व्यवहार आदि बातों को लिख लिया जाता है। छात्रों की प्रक्रिया आदि को देखकर अध्यापक अथवा परामर्शदाता उनकी संवेगात्मक प्रकृति, पर्यवेक्षण शक्ति, मन की स्थिति के बारे में जानकारी प्राप्त करता है जो छात्र को समझने में तथा उसे परामर्श देने में बहुत सहायक होती है।

2. टी.ए.टी. *(Thematic Apperception Test)*

इस विधि का निर्माण सबसे पहले मुरे (Murray) ने किया था। यह विधि 1938 में प्रयोग में लाई गई। इस विधि में छात्रों के सम्मुख कुछ चित्र प्रस्तुत किए जाते हैं। इसमें कुल 20 चित्र हैं। ये चित्र जीवन की सामान्य घटनाओं से सम्बन्धित होते हैं। चित्र को देखकर छात्र अपनी प्रतिक्रिया प्रदर्शित करता है। छात्र जो कुछ बताता है, उसे लिख लिया जाता है। कुछ समय के पश्चात् व्यक्ति को पुनः ये चित्र दिखाए जाते हैं। छात्र के पहले तथा दूसरे कथनों का विश्लेषण किया जाता है। छात्र की प्रतिक्रिया से उसकी कल्पनाशक्ति का बोध होता है। छात्र सामाजिक वृत्ति रखता है या अकेलेपन की–इन बातों का बोध होता है। चित्रों को देखकर छात्रों की कहानी लिखने के लिए भी कहा जाता है। छात्रों की प्रतिक्रियाओं से उनकी आदतों, पारिवारिक सम्बन्धों तथा अन्य समस्याओं का अध्ययन किया जाता है।

3. *वाक्यपूर्ति परीक्षण* (*Sentence Completion Test*)

इस प्रकार के परीक्षण में परीक्षणकर्त्ता छात्रों को वाक्यों के प्रथम शब्द देता है और उन्हें पूरे वाक्य बनाने के लिए कहा जाता है। वाक्यपूर्ति से छात्र अपनी इच्छाओं को अभिव्यक्त करता है। परीक्षणकर्त्ता छात्र के उत्तरों का विश्लेषण करके उनकी दबी हुई इच्छाओं और अभिवृत्तियों आदि का पता लगाता है। छात्र के सम्मुख नीचे लिखे शब्द प्रस्तुत किए जा सकते हैं–(i) बच्चा, (ii) संसार, (iii) मेरा घर, (iv) मेरा पिता, (v) धन, आदि।

4. *खेल प्रविधियाँ (Play Techniques)*

इस विधि का उपयोग तब होता है जब छात्र खेलने में व्यस्त रहता है। इसमें छात्रों को दिए खेल उपकरणों से खेलने के लिए प्रोत्साहित किया जाता है। जब छात्र इन दिए गए उपकरणों से खेलता है, तब उसका व्यवस्थित ढंग से निरीक्षण किया जाता है और उसके व्यवहारों को अंकित कर लिया जाता है।

खेल विधि में चित्र बनाना, मिट्टी के खिलौने बनाना और गुड्डे-गुड्डियों आदि का उपयोग होता है। खेल में छात्र स्वाभाविक रुचि रखता है। साथ ही जब अध्यापक तथा निरीक्षणकर्त्ता उसे खेलने के लिए प्रोत्साहित करता है तब छात्र खेल में तन्मय हो जाता है।

प्रक्षेपण विधियों के प्रयोग में सावधानियां (Precautions in the Use of Projective Methods)

इन विधियों में ध्यान में रखने की बात है कि निरीक्षणकर्त्ता छात्र को खेलने के लिए किसी प्रकार का संकेत अथवा सुझाव न दें।

ये विधियां प्राय: अनुभवी तथा प्रशिक्षित परामर्शदाता ही प्रयोग में लाते हैं।

प्रक्षेपण विधियों के गुण (Merits of Projective Methods)

(i) प्रक्षेपण परीक्षण एक प्रकार का परोक्ष परीक्षण है। इसलिए छात्रों को यह पता नहीं चल पाता कि मनोवैज्ञानिक क्या नाप रहा है। अत: वे बे-झिझक होकर अनुक्रियाएँ करता है।

(ii) प्रक्षेपण विधि मनोवैज्ञानिक और छात्र में सामंजस्य (Rapport) स्थापित करने में सहायक होता है। अत: विषयी के अन्दर लज्जा की भावना और अपने को बचा कर बात करने की भावना दूर हो जाती है। इसमें कोई सही या गलत अनुक्रिया नहीं होती। अनुक्रियाओं को गुणात्मक ढंग से वर्गीकृत करके निष्कर्ष निकाला जाता है।

(iii) चूँकि छात्र को यह पता नहीं चलता कि परीक्षण में अंक किस तरह से दिये जायेंगे, इसलिए बनावटी उत्तर देने की प्रवृत्ति कम हो जाती है।

प्रक्षेपण विधियों की न्यूनतायें (Limitations of Projective Methods)

(i) मनोवैज्ञानिक निरीक्षणकर्त्ता को निष्कर्ष निकालने के लिए असीमित अवसर एवं मनमानी छूट रहती है। अतः वह खुद की अभिवृत्तियों, पसन्दों और ना-पसन्दों को निष्कर्ष निकालने में जोड़ सकता है। इस कारण निष्कर्ष गलत हो सकते हैं।

(ii) छात्रों को निर्देश देने में थोड़ा-सा भी हेर-फेर हो जाने पर विषयी का परीक्षण व्यवहार काफी बदल सकता है।

(iii) इससे प्राप्त अंकों की विश्वसनीयता निर्धारित करना कठिन है।

(iv) इस परीक्षण की प्रामाणिकता निर्धारित करना भी अत्यन्त कठिन है।

(v) प्रक्षेपण परीक्षणों के लिए मानक तालिका (Normal Table) न होने के कारण मनोवैज्ञानिकों को अपने अनुभवों के आधार पर ही निष्कर्ष निकालना पड़ता है।

समाजमिति (Sociometry)

समाजमिति का अर्थ (Meaning of Sociometry)

किसी समूह के सदस्यों के किसी विशेष समय पर पारस्परिक सम्बन्धों की माप को समाजमिति कहते हैं। यह किसी समूह के सदस्यों के अन्तर्सम्बन्धों के अध्ययन की एक प्रविधि है। इस प्रविधि में समूह के सदस्यों से कुछ प्रश्न पूछे जाते हैं और उनके प्राप्त उत्तरों के आधार पर समूह के सदस्यों के पारस्परिक सम्बन्धों का पता लगाया जाता है। प्रश्नों के माध्यम से व्यक्ति के सम्मुख कुछ ऐसी परिस्थितियाँ उपस्थित की जाती हैं कि जिनमें वह अन्य व्यक्तियों के साथ सामान्यतः अन्योन्य क्रिया करता है। उदाहरणार्थ यहाँ छात्रों से पूछे जाने योग्य कुछ प्रश्न दिए गए हैं:

1. तुम कक्षा में अपने पास किस बालक को साथ बैठाना पसंद करोगे?
2. तुम किसी समिति या संस्था में किस सदस्य के साथ काम करना चाहोगे?
3. तुम किसके साथ घूमना पसंद करोगे?
4. तुम खेल में किसे अपना साथी बनाना पसंद करोगे?

5. तुम वैज्ञानिक प्रयोग में किसको साथ रखना चाहोगे?
6. तुम संयुक्त अध्ययन किसके साथ करना पसंद करोगे?

ऐसी अनेक परिस्थितियाँ सोची जा सकती हैं जिनमें बालकों को अन्योन्य क्रिया की सहज सम्भावना दृष्टिगोचर होती हो। ध्यान रहे कि ये परिस्थितियाँ ऐसी हों जो बालकों के लिए सामान्य एवं अधिक व्यवहृत हों अर्थात् जिनमें बालक प्रायः एक दूसरे का साथ पसंद करते हैं।

यदि ऐसे बालकों का पता लगाना हो जिनका साथ बच्चे नहीं पसंद करते और उन्हें तिरस्कार की दृष्टि से देखते हैं तो इस प्रकार के नकारात्मक प्रश्न भी पूछे जा सकते हैं कि–

1. तुम किस बालक के साथ घूमना पसंद नहीं करोगे?
2. तुम किस बालक को अपने पास बैठाना पसंद नहीं करते?

समाजमितिक स्तर का पता लगाना (Finding out the Social Status)

उपर्युक्त प्रश्नों के उत्तर समूह के सभी सदस्यों से प्राप्त कर लिए जाते हैं। इसके बाद यह ज्ञात कर लिया जाता है कि प्रत्येक सदस्य को कितनी बार पसंद किया गया है। इस बारंबारता या आवृत्ति को समाजमितिक अंक कह सकते हैं। इस प्रकार प्रत्येक सदस्य का समाजमितिक अंक जान लिया जाता है। इससे यह पता चलाया जा सकता है कि समूह में किसी व्यक्ति का समाजमितिक स्तर क्या है? जिस सदस्य को सर्वाधिक व्यक्तियों ने पसंद किया है उसे हम लोकप्रिय कह सकते हैं। जिस व्यक्ति को समूह के किसी सदस्य ने किसी परिस्थिति में साथ रखना नहीं चाहा है उसे हम एकाकी सदस्य कह सकते हैं। इसी प्रकार जिस व्यक्ति को अधिकतर सदस्यों ने साथ नहीं रखना चाहा है उसे हम अस्वीकृत सदस्य कह सकते हैं।

पारस्परिक युग्म तथा पारस्परिक त्रिकोण

कभी-कभी ऐसा देखा जाता है कि दो बालक प्रायः सभी स्थितियों में एक-दूसरे को ही साथ रखना पसंद करते हैं। वे किसी परिस्थिति में किसी तीसरे व्यक्ति को साथ रखने की चर्चा ही नहीं करते। अतः ऐसे दो बालकों को पारस्परिक युग्म (आपसी जोड़ा) कह सकते हैं।

इसी प्रकार कभी-कभी ऐसा देखा जाता है कि तीन बालकों में एक प्रकार का पारस्परिक सम्बन्ध अधिक दिखाई पड़ता है। वे तीनों एक दूसरे को पसंद करते हैं। कुछ परिस्थितियों में एक दूसरे को और कुछ तीसरे को पसंद करता है। इसी प्रकार दूसरा भी कुछ परिस्थितियों में एक को और कुछ में दूसरे को पसंद करता है। तात्पर्य यह है कि इन तीनों का आपसी सम्बन्ध घनिष्ठ होता है। समूह के अन्य सदस्यों से इनका कोई सम्बन्ध नहीं होता। ऐसा त्रिकोण भी कभी-कभी देखने में आता है।

समाज-आलेख किसी समूह के सदस्यों के बीच (मान लिया एक कक्षा के छात्रों के बीच) पारस्परिक सम्बन्धों को चित्र के रूप में भी प्रदर्शित किया जा सकता है। इसी चित्र को समाज-आलेख कहते हैं।

किसी कक्षा का समाज-आलेख बनाने के लिए सबसे पहले उस कक्षा के छात्रों से यह पूछना चाहिए कि तुम अपने विद्यालय के वार्षिकोत्सव पर उसकी तैयारी के लिए अपनी समिति या समूह में किन-किन छात्रों को रखना पसंद करोगे? उनके नाम लिखो। इस प्रकार की पसंदगी के आधार पर समाज-आलेख तैयार किया जा सकता है। नीचे एक समाज-आलेख का उदाहरण दिया गया है जिसमें प्रयुक्त संकेतों का स्पष्टीकरण किया जाता है-

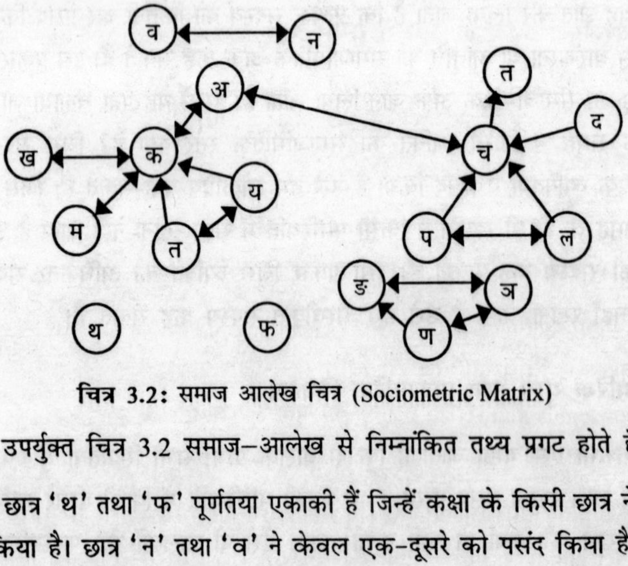

चित्र 3.2: समाज आलेख चित्र (Sociometric Matrix)

उपर्युक्त चित्र 3.2 समाज-आलेख से निम्नांकित तथ्य प्रगट होते हैं:

छात्र 'थ' तथा 'फ' पूर्णतया एकाकी हैं जिन्हें कक्षा के किसी छात्र ने पसंद नहीं किया है। छात्र 'न' तथा 'व' ने केवल एक-दूसरे को पसंद किया है। साथ ही कक्षा के किसी अन्य छात्र ने उन्हें नहीं चाहा है। अतः इन दोनों का एक युगम

बन गया है। इसी प्रकार 'ङ' 'ण' और 'अ' का एक त्रिकोण बन जाता है और ये तीन छात्र कक्षा के किसी अन्य छात्र का साथ नहीं पसंद करते।

'क' तथा 'च' सर्वाधिक लोकप्रिय छात्र हैं जिन्हें अनेक छात्र अपने साथ रखना चाहते हैं। एक प्रकार से 'क' का एक पृथक् गुट है और 'च' का दूसरा पृथक् गुट है। इन दोनों गुटों के मध्य यदि कोई छात्र सम्बन्ध स्थापित करने में सफल होता है तो वह छात्र अ है। अत: अ छात्र को ही सर्वाधिक लोकप्रिय या प्रभावशाली छात्र माना जा सकता है।

समाजमिति का अध्यापक के लिए महत्त्व (Significance of Sociometry for the Teacher)

इस विधि से अध्यापकों को पाठान्तर क्रियाओं के लिए उपयुक्त समूह बनाने में सहायता मिलती है।

अध्यापक को शैक्षिक, व्यावसायिक तथा व्यक्तिगत मार्गदर्शन तथा परामर्श कार्य में यह विधि बहुत सहायक सिद्ध होती है।

मनोविश्लेषण विधि के रूप में (Phycho-analysis as a Method)

मनोविश्लेषण

विधि के जन्म दाता तथा पोषक (Founder and supportas of Psycho-analysis Method): फ्रायड (Frend) इस विधि के जन्म दाता हैं। जुंग (Jung) तथा एडलर (Adler) ने इस विधि के विकास में बहुत योगदान दिया।

मनोविश्लेषण विधि का अर्थ (Meanning of Psycho-analysis Method): मनोविश्लेषण विधि का अर्थ इस विधि से है जिस की सहायता से हम अचेत मन (Unconscious mind) के रुझानों का पता लगाते हैं। यह मनक विधि मन के विचारों तथा व्यक्तित्व के दोषों को जानने में सहायक होती है।

मनोविश्लेषण की प्रक्रिया (Process of Psycho-analysis): इस प्रक्रिया में निम्न लिखित तत्त्व महत्त्व रखते हैं–

1. रोगी के साथ धनिष्टता स्थापित करना।
2. रोगी को प्रोत्साहित किया जाता है कि वह खुले मन से जो कुछ उस के मन में आता है, साफ-साफ कह दें।
3. रोगी को कुछ संवेणात्मक शब्द दिए जाते हैं तथा उन का उत्तर देने के लिए कहा जाता है।
4. रोगी के चेहरे के हाव-भाव, उत्तर के स्वरूप तथा प्रतिक्रिया से रोगी की मनोदशा जानने का प्रयास किया जाता है।
5. रोबी के स्वप्नों का विश्लेषण (Dream Analysis) भी किया जाता है।

मनोविश्लेषण के लाभ (Marits of Psycholo-analysis)

1. रोबी के व्यक्तित्व की समस्या की गहराई को समझने में सहायता मिलती है।
2. यह व्यक्तित्व के विकास में बचपन के अनुभवों को महत्त्व देता है।

मनोविश्लेषण की सीमाएँ (Limitation of Psycho-analysis)

1. इस विधि में बहुत समय लगता है।
2. यह विधि बहुत महंगी है।
3. इस विधि के परिणामों की वैज्ञानिक पुष्टि नहीं हो सकती है।
4. इस विधि का प्रयोग अत्यन्त अनुभवी मनोवैज्ञानिक ही कर सकते हैं।

निदानात्मक विधि (Clinical Method)

निदानात्मक विधि का अर्थ

निदानात्मक विधि वह विधि है जिस का प्रयोग तब किया जाता है जब व्यक्तियों के डरों, चिन्ताओं, हताशो, ग्रन्थियों आदि को जानना चाहते हैं जिन के कारण उन का समायोजन नहीं हो पाता।

विधि का प्रयोग

निदानात्मक विधि का प्रयोग प्राय: निदानात्मक मनोवैज्ञानकों तथा चिकित्सकों द्वारा बाल निर्देशन केन्द्रों (Child guidance Clinics) में किया जाता है।

निदान की तकनीकें

मुख्य तौर पर निम्नलिखित तकनीकों को प्रयोग में लाया जाता है:

(i) शारीरिक परीक्षण,

(ii) व्यक्तित्व अध्ययन,

(iii) मनोवैज्ञानिक परीक्षण,

(iv) निदानात्मक साक्षात्कार।

उपचार की तकनीकें

वातावरण को बदलने के प्रयास किए जाते हैं। व्यक्ति के दृष्टिकोण में परिवर्तन करके इस में सुधार लाया जाता है। उपचार के लिए विभिन्न व्यक्ति केन्द्रित तकनीकें अपनाई जाती हैं। ये तकनीकें हैं–

(i) सम्मोहन (Hyponism),

(ii) आत्म सुझाव (Anti suggestion),

(iii) विद्युत उपचार (Electric canvaslike therapy),

(iv) मनोविश्लेषण (Psycho-analysis)।

निदानात्मक विधि का मूल्यांकन

यह विधि प्राय: विशिष्ट व्यक्तियों की समस्याओं के उपचार के लिए प्रयोग में लायी जाती है। जब बालक निम्म प्रकार की समस्याओं से झूझते हैं तो यह विधि सर्वोत्तम विधि मानी जाती हैं:

(i) पढ़ने की तीक्षण अयोज्यता,

(ii) संवेगात्मक रूप से अत्यन्त कुआयोजन (Maladjustment),

(iii) अत्यधिक अटक कर बोलना या चचलाना।

इस विधि के कई दोष हैं:

(i) यह विधि बहुत लम्बी हैं।

(ii) यह विधि बहुत खर्चीली है।

(iii) इस विधि का प्रयोग सामान्य स्कूल परिस्थितियों में नहीं किया जा सकता है।

(iv) इस विधि के परिणामों का प्रयोगज्ञाती प्रयोगशाला में प्रमाणीकरण (verification) नहीं किया जा सकता।

4

अवधान (ध्यान) तथा रुचि
(Attention and Interest)

अवधान का अर्थ (Meaning of Attentions)

अवधान का अर्थ है किसी उद्देश्य से किसी विचार या वस्तु पर प्रयासपूर्वक दिया जाने वाला ध्यान तथा अपनी चेतना को उस पर केन्द्रित करना। वास्तव में हमारी चेतना के दो क्षेत्र होते हैं—एक अवधान का क्षेत्र और दूसरा उपेक्षा का। अवधान का क्षेत्र चेतना के क्षेत्र में होता है और उपेक्षा का चेतना के किनारे पर। अवधान के लिए उपेक्षा आवश्यक है। यदि हम किसी विचार या किसी वस्तु की ओर ध्यान देना चाहते हैं तो हमें अन्य विचारों तथा वस्तुओं की उपेक्षा करनी होगी। यदि कोई विद्यार्थी किसी पाठ पर अवधान देना चाहता है तो यह आवश्यक है कि वह अन्य बातों की उपेक्षा करे।

हम प्रतिदिन अनेक वस्तुएँ देखते रहते हैं परन्तु सभी के प्रति उतनी ही मात्रा में सचेत नहीं रहते। जिन वस्तुओं की ओर हम सचेत रहते हैं उनका प्रत्यक्षीकरण हमें बड़ा स्पष्ट होता है।

मण्डी में हम कुछ वस्तुएँ खरीदने जाते हैं। वहाँ पर बहुत शोरगुल होता है। मण्डी में दुकानों पर अनेक ग्राहक भी होते हैं। हम किसी दुकान पर जाते हैं। वहाँ पर अनेक वस्तुएँ हैं। हमारी चेतना में जो वस्तुएँ हमने खरीदनी हैं, वही आती हैं। अन्य वस्तुओं तथा ग्राहकों की हम अवहेलना अथवा उपेक्षा करते हैं। हमारी चेतना में जो वस्तुएँ हमने खरीदनी हैं, वे तथा उनका मूल्य हमारा ध्यान केन्द्रित करती हैं। अवधान अवस्था में हमें किसी वस्तु तथा विचार की संवेदना तीक्ष्ण तथा स्पष्ट

होती है। चेतना की अनुपस्थिति में अवधान सम्भव नहीं। चेतना का क्षेत्र विशाल होता है तथा अवधान केवल उसका एक अंग है। उदाहरणार्थ–लिखते समय मेज, कुर्सी, कलम, कागज आदि सभी वस्तुएँ चेतना के अन्तर्गत हो सकती हैं परन्तु हमारा अवधान केवल कागज पर लिखे जा रहे अक्षरों तथा विचारों पर है।

अवधान की परिभाषाएँ (Definitions of Attention)

अवधान के अर्थ तथा इसके विभिन्न तत्त्वों को जानने के लिए इसकी परिभाषाओं को जानना भी आवश्यक है:

1. *ई.बी. टिचनर* (*E.B. Tichner*): "अवधान की समस्या किसी विषय की अर्थपूर्ण स्पष्टता से है।"
2. *आर.एस. वुडवर्थ* (*R.S. Woodworth*): "ध्यान को मन का केन्द्रीयकरण कहते हैं।"
3. जे.ए. रॉस (*J.S. Ross*): "किसी वस्तु को मन के सामने स्पष्ट रूप से लाने की प्रक्रिया को ध्यान कहते हैं।"
4. *आई.डब्ल्यू. स्काउट* (*I.W. Scout*): "ध्यान किसी वस्तु पर स्थित रहने की प्रवृत्ति है" जितना क्रियात्मक तत्त्व दृढ़ होगा उतनी मात्रा में ध्यान तीव्र होगा।"
5. *जेम्स ड्रिवर* (*James Drever*): "ध्यान को विभाजित नहीं किया जा सकता। हम एक समय पर एक ही क्रिया या वस्तु पर ध्यान दे सकते हैं।"
6. रेक्स तथा नाईट (*Rex and Night*): "ध्यान चेतना का चुना हुआ कार्य है।"
7. जे.बी. *मॉरगन तथा* ए.आर. *गिलीलैंड* (*J.B. Morgan and A.R. Gilliland*): "ध्यान हमारे वातावरण को किसी विशेष कारक के सम्बन्ध में तीव्रता से सजग रहता है।"
8. *बी. डुमविली* (*B. Dumvile*): "अवधान एक वस्तु पर दूसरी वस्तु की उपेक्षा चेतना केन्द्रित करता है।"
9. *मैक्डूगल* (*McDougall*): "ज्ञानात्मक (Cognitive) प्रभाव के सन्दर्भ में अवधान केवल क्रियात्मक (Conative) केन्द्रीयकरण है।"

निष्कर्ष (*Conclusion*): ऊपर की परिभाषाओं से यह स्पष्ट हो जाता है कि ध्यान कोई मानसिक शक्ति न होकर चेतनावस्था का क्रियात्मक पक्ष है। मन को एकाग्र करके किसी विचार या वस्तु की ओर लगाने की क्रिया को ध्यान कहते हैं।

अवधान में शारीरिक दशा
(Physical Conditions during Attention)

यद्यपि अवधान एक मानसिक प्रक्रिया है तथापि उसका शरीर पर भी प्रभाव पड़ता है। अवधान से कुछ पूर्व शरीर उत्तेजित हो जाता है। अवधान में रीढ़ की हड्डी सीधी हो जाती है। मांसपेशियाँ सिकुड़ जाती हैं। ज्ञान तन्तुओं तथा कर्म तन्तुओं में तनाव आ जाता है। किसी पुस्तक को पढ़ते समय हम पुस्तक को अभीष्ट दूरी पर रखते हैं। प्रयोगों द्वारा यह पाया गया है कि अवधान की अवस्था में श्वास हल्की एवं तीव्र हो जाती है।

अवधान की विशेषताएँ (Characteristics of Attention)

1. *अवधान में उद्देश्य निहित है* (*Attention is Purposeful*): किसी भी पाठ में हम अपना ध्यान तब केन्द्रित करते हैं जब हमारा उद्देश्य उस पाठ को ग्रहण करना होता है। बिना उद्देश्य के हम पाठ नहीं पढ़ते हैं।
2. *अवधान में मन को प्रयास करना पड़ता है* (*Mind Makes Efforts*): हम जिस वस्तु की ओर ध्यान देते हैं उस वस्तु की ओर मानसिक तथा शारीरिक रूप से उन्मुख हो जाते हैं। ध्यान का एक विषय पर केन्द्रित होना ही प्रयत्नशीलता का परिचायक है।
3. *अवधान विश्लेषणात्मक है* (*Attention Makes Analysis*): जब कोई व्यक्ति गाड़ी पर ध्यान देता तो वे उसके एक-एक पुर्जे को अलग-अलग करके देखता है। हम अवधान में जिस विषय पर ध्यान केन्द्रित करते हैं, उसका विश्लेषण करके समझते हैं।
4. *अवधान मानसिक क्रिया है* (*Attention is Mental Activity*): इसमें कोई सन्देह नहीं है कि अवधान में शरीर की दशा अथवा आसन में बदलाव आता है परन्तु इसका सम्बन्ध मानसिक क्रिया से है। ध्यान कोई भाव नहीं है और न ही कोई ज्ञान।

5. *अवधान का क्षेत्र सीमित है (Scope of Attention is Limited)*: अवधान किसी विशेष वस्तु अथवा विचार पर केन्द्रित होता है। अन्य विचार तथा वस्तुएँ उपेक्षित रहती हैं।

6. *अवधान में चयनात्मकता होती है (Attention is Selective)*: हमारे वातावरण में अनेक वस्तुएँ रहती हैं परन्तु हमारा ध्यान सबकी ओर न जाकर किसी एक वस्तु की ओर जाता है। इसमें चुनाव का बहुत महत्त्व है। एक ही समय में अनेक उद्दीपन (Stimuli) अथवा प्रलोभन हमारे मन के सामने होते हैं सभी के प्रति प्रतिक्रिया करना सम्भव नहीं होता है। प्रो. डशियल (Dashiel) के कथनानुसार, ''जीवन की आकस्मिक परिस्थितियों के कारण हमारे लिए प्रत्येक वस्तु पर ध्यान देना असम्भव हो जाता है।

7. *अवधान में अन्वेषण निहित है (Attention Leads to New Things)*: किसी वस्तु पर ध्यान देने पर वस्तु की नयी विशेषताएँ प्रकट होती हैं।

8. *अवधान में वस्तु के गुण स्पष्ट हो जाते हैं (Attention Brings Clarity)*: जो व्यक्ति जिस वस्तु पर ध्यान केन्द्रित करता है, उस वस्तु के गुणों की उसे स्पष्ट जानकारी हो जाती है। जो व्यक्ति हिन्दी पर ध्यान देता है, उसे हिन्दी भाषा के गुणों का ज्ञान हो जाता है।

9. *अवधान में शारीरिक अवस्था का भी स्थान है (Attention also Includes Physical Element)*: अवधान का एक स्वाभाविक गुण है कि वह शरीर के आसन में कुछ न कुछ परिवर्तन कर देता है।

10. *अवधान परिवर्तनशील है (Attention is Shifting)*: अवधान किसी विषय के एक बिन्दु से दूसरे बिन्दु पर बड़ी तेजी से दौड़ता रहता है। अवधान की प्रवृत्ति चंचल है। आर.एस. वुडवर्थ (R.S. Woodworth) के शब्दों में, ''हमारे अवधान की वस्तु सदा बदलती रहती है।''

11. *अवधान में संश्लेषण निहित है (Attention Includes Synthesis)*: अवधान में विश्लेषणात्मक प्रवृत्ति के साथ संश्लेषण की प्रवृत्ति रहती है।

12. *अवधान में गति समायोजन है (Attention Leads to Motor Adjustment)*: प्रो. वुडवर्थ का मत है, ''कुछ शारीरिक गतियां हमें विरोध रहित (Unruffled) ध्यान में सहायता प्रदान करती हैं।''

13. *ध्यान में तत्परता है* (*Attention Includes Preparatory Element*): किसी वस्तु में ध्यान तभी केन्द्रित होता है जबकि उस वस्तु के लिए हम में तत्परता हो।

14. *ध्यान में स्वीकारात्मक तथा नकारात्मक दोनों तत्त्व हैं* (*Attention is Positive as well as Negative*): किसी वस्तु अथवा विचार पर ध्यान केन्द्रित करने के लिए आवश्यक है कि हम अन्य वस्तुओं, अवयव विचारों से ध्यान हटा लें। मर्फी (Murphy) के अनुसार, "ऐच्छिक अथवा सक्रिय ध्यान हमारे चयन पर निर्भर रहता है।"

15. *ध्यान अनुभव केन्द्रित है* (*Attention is Experience Centred*): जिस वस्तु की ओर हम ध्यान देते हैं, वह हमारी चेतना में स्पष्ट रूप धारण कर लेती है।

अवधान के प्रकार
(Types of Attention)

अवधान के प्रकारों का कई प्रकार से वर्गीकरण किया जा सकता है:

अवधान का वर्गीकरण–I
(Classification of Attention-I)

(1) सक्रिय अवधान (Active Attention)

(2) निष्क्रिय अवधान (Passive Attention)

अवधान का वर्गीकरण–II
(Classification of Attention-II)

(1) स्वैच्छिक अवधान (Voluntary Attention)

(2) अनैच्छिक अवधान (Involuntary Attention)

अवधान का वर्गीकरण–III

(Classification of Attention-III)

(1) संकल्पनात्मक अवधान (Volitional Attention)

(2) संकल्पविरुद्ध अवधान (Involitional Attention)

अवधान का वर्गीकरण–IV

(Classification of Attention-IV)

(1) मूर्त अवधान (Concrete Attention)

(2) अमूर्त ध्यान (Abstract Attention)

अवधान का वर्गीकरण–V

(Classification of Attention-V)

(1) विश्लेषणात्मक अवधान (Analytical Attention)

(2) संश्लेषणात्मक अवधान (Synthetical Attention)

1. सक्रिय अथवा स्वैच्छिक (इच्छित) अवधान

जिन वस्तुओं पर हम अपनी इच्छा से ध्यान केन्द्रित करते हैं एवं जिन पर ध्यान लगाने के लिए प्रयत्न करना पड़ता है, उन वस्तुओं पर ध्यान लगाने की क्रिया को इच्छित अवधान कहते हैं। ध्यान को इच्छानुसार केन्द्रित करना ही योगाभ्यास है। जो छात्र इच्छानुसार अपने ध्यान को जितना अधिक केन्द्रित कर सकता है, वह छात्र अधिगम में उतनी ही अधिक सफलता प्राप्त कर लेता है।

2. *अनैच्छिक (अनिच्छित) अवधान*

जब व्यक्ति अपनी इच्छा न होते हुए भी किसी घटना अथवा वस्तु की ओर अपना ध्यान विवश होकर लगा देता है तो उस मानसिक प्रयास को हम अनिच्छित ध्यान कहते हैं। उदाहरणार्थ: जब कोई विद्यार्थी परीक्षा की तैयारी कर रहा हो, अचानक बिजली चले जाने पर तथा पंखे के बन्द हो जाने पर भी उसे अपनी इच्छा के विरुद्ध पढ़ाई की ओर ध्यान देना पड़ता है।

मूर्त ध्यान तथा अमूर्त ध्यान: मूर्त ध्यान का संबंध मेज, कुर्सी तथा पुस्तक आदि की ओर ध्यान देना है। इसके विपरीत मोह-माया, सहानुभूति तथा दया आदि के प्रति ध्यान अमूर्त ध्यान कहलाता है।

4.6 अवधान के कारक (Factors of Attention)

अवधान के कारक तीन प्रकार के होते हैं:

1. अवधान के वातावरण संबंधी अथवा वस्तुपरक कारक (Environmental or Objective Factors of Attention)
2. अवधान के आन्तरिक अथवा आत्मपरक कारक (Internal or Subjective Factors of Attention)
3. अवधान के सामाजिक कारक (Social Factors of Attention)

4.7 अवधान के वातावरण संबंधी अथवा वस्तुपरक कारक (Environmental or Objective Factors of Environment)

(चित्र अगले पृष्ठ पर देखें।)

1. *नवीनता* (*Newness*): अध्यापक की नई शिक्षण-विधियां छात्रों को आकर्षित करती हैं अतः छात्रों का ध्यान पाठ में आकर्षित होता है। मर्फी (Murphy) ने ठीक ही कहा है, ''मानव प्रकृति नवीनता की लालसा होती है।''

2. *तीव्रता* (*Intensity*): एक सशक्त उद्दीपन (Forceful Stimuli) स्वतः हमारे ध्यान को आकर्षित करता है। प्रो. स्टाउट (Stout) के शब्दों में, ''किसी भी स्थिति की तीव्रता हमें स्वाभाविक रूप से खींचती है।'' वह अध्यापक जो

अवधान के वातावरण संबंधी अथवा वस्तुपरक कारक
(Environmental or Objective Factors of Environment)

(1) नवीनता (Newness)
(2) तीव्रता (Intensity)
(3) आकार (Size)
(4) विचित्रता (Novelty)
(5) आवृत्ति (Repetition)
(6) गतिशीलता (Movement)
(7) अवधि (Duration)
(8) विरोध अथवा विषमता (Contrast)
(9) परिवर्तन (Change)
(10) असामान्य गुण (Unique Quality)
(11) उद्दीपन की आकस्मिकता (Suddenness of Stimuli)
(12) निश्चित तथा अनुक्रमित आकृति (Definite and Systematic Form)

अपेक्षाकृत ऊँची आवाज से पढ़ाता है वह धीमी आवाज से पढ़ाने वाले अध्यापक से प्रभावी होता है।

3. *आकार (Size)*: बड़े-बड़े आकार वाले पोस्टरों पर हमारा ध्यान सहज चला जाता है। छोटे चित्र उतना ध्यान आकर्षित नहीं करते हैं। श्यामपट्ट पर बड़े आकार की लिखाई छोटे आकार की अपेक्षा छात्रों का ध्यान अधिक खींचती है।

4. *विचित्रता (Novelty or Strangeness)*: सामान्य वेशभूषाधारी व्यक्ति की अपेक्षा पैंट-कोट के साथ टोपी पहने हुए व्यक्ति हमारे ध्यान को अधिक आकर्षित करता है। सामान्य व्यक्ति की अपेक्षा बहुत लम्बे कद वाले व्यक्ति की ओर हमारा ध्यान अधिक जाता है।

5. *पुनरावृत्ति (Repetition)*: कहा गया है कि "करत-करत अभ्यास जड़मति हो सुजान।" अर्थात् अभ्यास से तथा पुनः दोहराने से ज्ञान की प्राप्ति

होती है। अध्यापक कक्षा में छात्रों का ध्यान आकर्षित करने के लिए पाठ को दोहराता है।

6. *गतिशीलता* (*Movement*): कक्षा में यदि अध्यापक एक ही स्थान पर खड़े रहकर पढ़ाता है तो उसका उतना प्रभाव नहीं पढ़ता जितना कि वह अपने हाव-भाव द्वारा। आवश्यकतानुसार वह कक्षा-कक्ष में भ्रमण भी करता रहता है।

7. *अवधि* (*Duration*): किसी दृश्य-श्रव्य सामग्री को कक्षा में यदि अधिक अवधि तक दिखाया जाए जो वह ज्यादा प्रभावी होती है।

8. *विरोध अथवा विषमता* (*Contrast*): भेड़ों के समूह में काली भेड़ों की अपेक्षा सफेद भेड़ हमारा ध्यान शीघ्र आकर्षित करती है। गिलफर्ड (Guilford) के कथनानुसार, "रंग या ध्वनि में विषमता तत्काल चेतना उत्पन्न करती है तथा केन्द्रीयकरण और ध्यान की ओर ले जाती है।"

9. *परिवर्तन* (*Change*): परिवर्तन प्रकृति का नियम है। परिवर्तन हमारा ध्यान सुगमता से अपनी ओर खींच लेता है। घड़ी की टिक-टिक जब बन्द हो जाती है तो हमारा ध्यान उसकी ओर चला जाता है। अध्यापक जब अचानक कक्षा में बोलना बन्द कर देता है। तब छात्रों का ध्यान उसकी ओर आकर्षित हो जाता है। कई बार महत्त्वपूर्ण तथ्य कक्षा में इसी प्रकार बनाए जाते हैं।

10. *असामान्य गुण* (*Unique Quality*): असामान्य गुणों वाली वस्तुओं पर हमारा ध्यान शीघ्र जाता है। कक्षा में जिस अध्यापक की भाषा प्रभावशाली होती है अथवा श्यामपट्ट पर सुन्दर लेख होता है, वह छात्रों का ध्यान अपनी ओर आकर्षित करता है।

11. *उद्दीपन की आकस्मिकता*: सनसनी उत्पन्न करने वाली तथा आकस्मिक घटने वाली घटनाएँ साधारण घटनाओं की तुलना में हमारे ध्यान को शीघ्र आकर्षित करती हैं।

12. *निश्चित तथा अनुक्रमित आकृति* (*Definite and Systematic Form*): बेतरतीब तथा उन निश्चित आकृति वाले चित्र की अपेक्षा अनुक्रमित तथा निश्चित आकृति वाला चित्र हमारे ध्यान को अधिक आकर्षित करता है।

4.8 अवधान के आन्तरिक अथवा आत्मपरक कारक (Internal Factors of Attention)

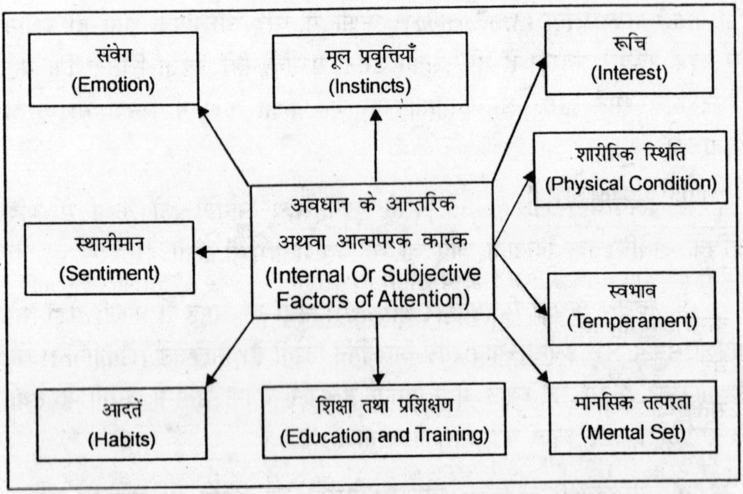

1. रुचि (*Interest*): रुचिकर वस्तु की ओर हमारा ध्यान शीघ्र जाता है। (रुचि पर अलग से विचार किया गया है।)

2. *मूल प्रवृत्तियाँ*: मूल प्रवृत्तियाँ हमारे व्यवहार की मुख्य प्रेरक होती हैं। मैक्डूगल (McDougall) ने 14 मूल प्रवृत्तियों का उल्लेख किया है। जिन वस्तुओं अथवा स्थितियों से हमारी मूल-प्रवृत्तियाँ प्रभावित होती हैं, उनकी ओर हमारा ध्यान आकर्षित होता है। भूख लगने पर हमारा ध्यान खाने की ओर जाता है। कामवृत्ति में युवक-युवतियों की आकर्षित होते हैं। मैक्डूगल ने मूल प्रवृत्तियों का विवरण इस प्रकार दिया है:

	मूल प्रवृत्ति (*Instinct*)	सम्बद्ध संवेग (*Related Emotion*)
1.	भोजन ढूँढ़ना (Food Seeking)	भूख (Hunger)
2.	पलायन (Flight)	भय (Fear)
3.	युयुत्सा (Pugnacity)	क्रोध (Anger)
4.	उत्सुकता (Curiosity)	आश्चर्य (Wonder)
5.	रचना (Construction)	रचनात्मक आनन्द (Joy of Creation)

(*क्रमशः*)

(*क्रमशः*)

	मूल प्रवृत्ति (*Instinct*)	सम्बद्ध संवेग (*Related Emotion*)
6.	आत्म गौरव (Self-Assertion)	प्रफुल्लता (Self Feeling)
7.	दीनता (Self-abasement)	आत्महीनता (Negative Self-feeling)
8.	काम (Sex)	कामुकता (Lust)
9.	सन्तान रक्षा (Parental Instinct)	स्नेह (Tenderness)
14.	हंसना (Laughter)	आमोद (Amusement)

3. *संवेग* (*Instincts*): काम, क्रोध, भय, प्रेम आदि संवेग ध्यान आकर्षित करते हैं। क्रोधी व्यक्ति का ध्यान ऐसी बातों की ओर जाता है, जिससे उसका क्रोध बढ़ सके। भयशील व्यक्ति का ध्यान भागने की ओर रहता है। माता की ध्यान संतान की ओर रहता है। संवेगों को ध्यान के आन्तरिक प्रेरक कहा जाता है।

4. *स्थायी भाव* (*Setiment*): जो कार्य हमारी भावनाओं से सम्बन्धित होते हैं उनकी ओर हमारा अधिक ध्यान जाता है। धार्मिक भावना रखने वाले व्यक्ति धार्मिक स्थलों तथा उपदेशों पर अधिक ध्यान देते हैं।

5. *आदतें* (*Habits*): आदतें हमारे ध्यान पर गहरा प्रभाव डालती हैं। जिस व्यक्ति में प्रातः घूमने की आदत पड़ जाती है वह उस पर अधिक ध्यान देता है। समय पर कार्य करने की आदत वाले का ध्यान सदा इसी ओर जाएगा।

6. *शिक्षा तथा प्रशिक्षण* (*Education and Training*): व्यक्ति की शिक्षा तथा उसके अर्जित अनुभव द्वारा हम यह अनुमान लगा सकते हैं कि व्यक्ति किन बातों की ओर अधिक ध्यान देगा। यदि कमरे में कोई साहित्यकार आता है तो उसका ध्यान पुस्तकों की ओर जाता है। मनोविज्ञान के छात्र का ध्यान मनोविज्ञान संबंधी विषयों की ओर आकर्षित होगा न कि दर्शनशास्त्र की ओर।

7. *मानसिक तत्परता* (*Mental Set or Readiness*): किसी व्यक्ति की मानसिक तत्परता का प्रभाव भी वस्तु में ध्यान देने पर पड़ता है। परीक्षा के दिनों में छात्र की मानसिक तत्परता का प्रभाव उसकी तैयारी पर पड़ता है। भगवान का भक्त अपनी मानसिक तत्परता के कारण भगवान की भक्ति में तल्लीन रहता है। धार्मिक पुस्तकें पढ़ता है तथा धार्मिक स्थलों पर यात्राओं के लिए उत्सुक रहता है।

8. *स्वभाव* (*Temperament*): व्यक्ति के स्वभाव विभिन्न वस्तुओं की ओर उन्हें आकर्षित करते हैं। अन्तर्मुखी (Introvert) व्यक्ति जो प्राय: अपने में मग्न रहता है वह सामाजिक रूप से आकर्षित विषयों तथा वस्तुओं पर उतना ध्यान नहीं देता है जितना कि बहिर्मुखी (Extrovert) व्यक्ति।

9. *शारीरिक स्थिति* (*Physical Condition*): कहा गया है कि स्वस्थ शरीर में ही स्वस्थ मन रहता है। जो व्यक्ति स्वस्थ नहीं रहता, वह किसी भी विषय पर अपना ध्यान उपयुक्त मात्रा में नहीं लगा सकता। थकावट का भी ध्यान पर प्रभाव पड़ता है। यही कारण है कि विद्यालयों में भौतिक वातावरण पर भी जोर दिया जाता है। भौतिक वातावरण का भी प्रभाव शरीर की कार्यकुशलता पर पड़ता है।

ध्यान के सामाजिक कारण (Social Factors of Attention)

सामाजिक परिस्थितियाँ अर्थात् समुदाय, आस-पड़ोस, परिवार तथा सहपाठी आदि हमारे ध्यान पर महत्त्वपूर्ण प्रभाव डालते हैं। सम्पूर्ण सामाजिक वातावरण किसी न किसी रूप में हमारे दृष्टिकोणों, संवेगों, रुचियों तथा आदतों पर प्रभाव डालता है। समाज का प्रभाव हमारे मूल्यों पर पड़ता है। जिन तत्त्वों तथा मान-मान्यताओं पर समाज आधारित है, हमारा ध्यान स्वत: उनकी ओर जाता है।

अवधान की सीमा विस्तार अथवा ध्यान का विस्तार (Range or Span of Attention)

अवधान की सीमा-विस्तार का अर्थ (Meaning of Range of Interest)

अवधान की सीमा-विस्तार का अर्थ है कि हम एक समय में अथवा एक बार में कितनी वस्तुओं पर ध्यान दे सकते हैं। पढ़ते समय कितने शब्दों या अक्षरों पर ध्यान दे सकते हैं। एक ओर दूरदर्शन चल रहा है, दूसरी ओर कोई व्यक्ति आपसे बातचीत करना चाहता है। आप एक ओर ही पूरा ध्यान दे सकते हैं। दोनों ओर नहीं। कान तथा आखें दो अवश्य हैं परन्तु सुनने वाला तथा देखने वाला एक है।

मनोवैज्ञानिकों ने इस पर खोज की है। सर्वप्रथम इस विषय पर प्रयोग 1859 में विलियम हैमिल्टन (William Hamilton) ने किया। उसके पश्चात् 1871 में जेवन्स (Jevons) ने। इसके पश्चात् ध्यान-विस्तार पर अनेक प्रयोग किए गए। प्राय: खोजों द्वारा यह निष्कर्ष निकाला गया है कि यदि इकाईयां अव्यवस्थित हैं

तो एक बार में चार या पांच भिन्न-भिन्न इकाइयों को ध्यान की सीमा में ला सकते हैं। अक्षरों के लिए भी यही नियम लागू होता है।

ध्यान-विस्तार के प्रकार (Types of Span of Attention)

ध्यान-विस्तार दो प्रकार का होता है:

(i) दृष्टि विस्तार (Visual Span) और

(ii) श्रवण विस्तार (Auditory or Hearing Span)

1. *दृष्टि विस्तार (Visual Span)*

दृष्टि-विस्तार का अर्थ है उन विशिष्ट वस्तुओं की संख्या से जिनको एक बार देखने के पश्चात् ठीक-ठीक जाना जा सके। दृष्टि ध्यान विस्तार का मापन एक यन्त्र से होता है, जिसे टेचिस्टोस्कोप (Techistoscope) कहते हैं।

2. *श्रवण विस्तार (Auditory Span)*

श्रवण विस्तार को मैट्रोनोम (Metronome) से मापा जाता है। प्रयोगों द्वारा पाया गया है कि एक समय में अधिक से अधिक आठ आवाजें सुनी जा सकती हैं।

ध्यान विस्तार को प्रभावित करने वाले कारक (Factors Influencing Span of Attention)

प्रत्येक व्यक्ति का ध्यान विस्तार अलग होता है। ध्यान विस्तार को प्रभावित करने वाले महत्त्वपूर्ण तत्त्व निम्नलिखित हैं:

1. व्यक्तिगत भिन्नताएँ (Individual Differences),
2. शब्दों का अर्थ (Meaning of Words),
3. शब्दों से परिचय (Familiarity with Words),
4. क्रमानुसार सामग्री का प्रस्तुतीकरण (Preservation of Material in an Arranged Order),
5. शब्दों की लय द्वारा प्रस्तुति (Rhythmic Presentation of the Matter)।

अवधान की अवधि (Duration of Attention)

साधारणतः हमारा ध्यान एक वस्तु पर पांच अथवा छः सेकेंड तक रहता है। इसके पश्चात् ध्यान विचलित हो जाता है। ध्यान की अवधि हम अभ्यास से बढ़ा सकते हैं। जिस विषय में रुचि होती है, उस विषय में ध्यान अधिक देर तक टिका रह सकता है।

ऐसा माना जाता है कि हमारा ध्यान किसी वस्तु पर कम से कम 1/10 सेकेंड तक अवश्य रहता है।

बच्चे तथा प्रौढ़ के ध्यान में अन्तर (Difference between Child's Attention and Adult's Attention)

तत्त्व *(Element)*	बच्चे	प्रौढ़
1. ध्यान विस्तार (Span of Attention)	अपेक्षाकृत कम ध्यान विस्तार	अपेक्षाकृत अधिक ध्यान विस्तार
2. ध्यान की अवधि (Duration of Attention)	कम ध्यान अवधि	अधिक ध्यान अवधि
3. मूर्त बनाम अमूर्त (Concrete versus Abstract)	मुख्यतः मूर्त वस्तुओं पर ध्यान–उदाहरणः खिलौने, खाने की वस्तुएँ, मां आदि	मुख्यतः अमूर्त तत्त्वों की ओर जैसे–सहनशीलता, नम्रता, सत्य, ईमानदारी
4. मूल प्रवृत्ति (Instinct) बनाम संकल्प (Will)	मुख्यतः मूल प्रवृति पर प्रभावित ध्यान	मुख्यतः संकल्प पर प्रभावित ध्यान
5. स्वाभाविक अथवा एच्छिक (Natural and Voluntary)	सामान्यतः ध्यान स्वाभाविक होता है।	प्रौढ़ों का ध्यान ऐच्छिक होता है।
6. ध्यान विकर्षण करने वाले उद्दीपनों का प्रभाव (Effect of Distracting Stimuli)	उद्दीपन बच्चों के ध्यान को अधिक प्रभावित करते हैं।	प्रौढ़ों पर उद्दीपनों का प्रभाव अपेक्षाकृत कम होता है।

ध्यान विकर्षण अथवा ध्यान विमनस्कता (Distraction)

ध्यान विकर्षण का अर्थ (Meaning of Distraction)

ध्यान विकर्षण का तात्पर्य उस उद्दीपन (Stimuli) से है जो हमारे ध्यान को वांछित वस्तु अथवा विचार से हटा देता है। उदाहरणार्थ: कक्षा में छात्र पढ़ रहे हैं। कक्षा से बाहर ऊँचा शोर उनके ध्यान को विकर्षित कर देता है।

ध्यान विकर्षण के कारण (Causes of Distraction)

ध्यान विकर्षण के मुख्यत: निम्नलिखित कारण हैं जिन्हें चित्र द्वारा दर्शाया गया है।

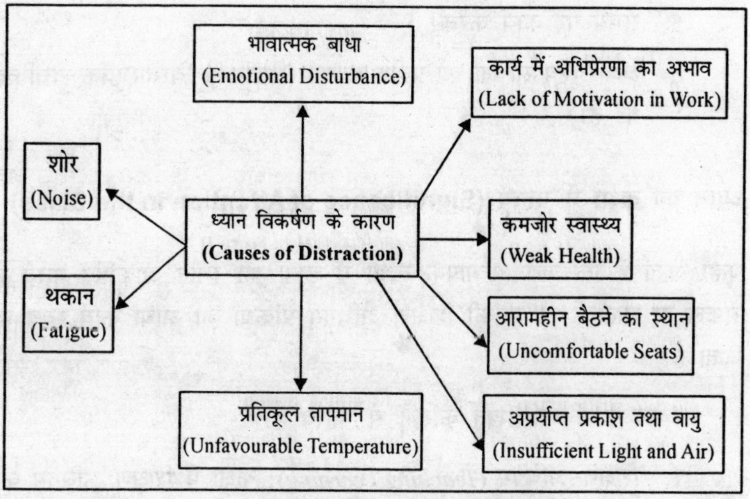

चित्र 4.1: ध्यान विकर्षण के कारण

ध्यान विकर्षण के प्रभाव (Effects of Distraction)

1. शिक्षण-अधिगम प्रक्रिया में बाधा पड़ती है।
2. छात्रों की कक्षा कार्य में अभिरुचि नहीं होती है।
3. सीखने में निरन्तरता टूट जाती है।
4. कार्यकुशलता हट जाती है।

5. थकान जल्दी होने लगती है।
6. समय तथा शक्ति व्यर्थ होती है।

ध्यान विकर्षण को दूर करने के लिए उपाय (Measures to Overcome Distraction)

1. भौतिक स्थिति को आकर्षक बनाना।
2. बैठने का उचित प्रबन्ध करना।
3. कार्य में रुचि लेना।
4. उत्साहपूर्वक कार्य करना।
5. समय पर कार्य करना।
6. श्रव्य-दृश्य साधनों का प्रयोग करना। (अलग से विस्तारपूर्वक चर्चा की गई है।)

ध्यान का कक्षा में महत्त्व (Significance of Attention in the Class)

कहा जाता है कि जब अध्यापक कक्षा में छात्रों का ध्यान आकर्षित करने में सफल हो जाता है तो उसकी शिक्षण अधिगम प्रक्रिया का आधा कार्य स्वयं हो जाता है।

ध्यान का निम्नलिखित कारणों से महत्त्व है:

1. *शिक्षण-अधिगम (Teaching Learning)*: कक्षा में शिक्षण अधिगम की पहली आवश्यकता छात्रों का ध्यान आकर्षित करना है। अध्यापक का भी इस प्रक्रिया में ध्यान होना आवश्यक है। अध्यापक के ध्यान के बिना सफल शिक्षण-अधिगम की आशा रखना 'मृगतृष्णा' के समान है।
2. *रुचि में सहायक (Aid to Intreset)*: ध्यान रुचि को बढ़ावा देता है। (ध्यान तथा रुचि के संबंध पर अलग से चर्चा की गई है।)
3. *स्मृति में सहायक (Helpful to Memory)*: पाठों को छात्र ध्यान से पढ़ते हैं, उन्हें वे पाठ उनके मस्तिष्क में स्थिर हो जाते हैं। वे इनको आसानी से भूलते नहीं हैं।

4. *तेजी से सीखना* (*Speed in Learning*): ध्यानपूर्वक सीखने से सीखने की गति बढ़ जाती है।
5. *कौशल प्राप्ति* (*Acquisition of Skills*): ध्यानपूर्वक कार्य करने से अनेक कौशलों का विकास होता है।
6. *कार्य में निपुणता* (*Efficiency in Work*): ध्यान से कार्य करने में कार्यनिपुणता का विकास होता है।
7. *सफलता तथा उपलब्धि* (*Success and Achievement*): इस में कोई सन्देह नहीं है कि उचित ध्यान सफलता तथा उपलब्धि की कुंजी है।

ध्यान केन्द्रित करने के लिए उपाए
(Measures for Concentration of Attention)

जीवन के प्रत्येक क्षेत्र में ध्यान केन्द्रित करने की अत्यन्त आवश्यकता है। इसी प्रकार कक्षा-कक्ष कार्य में। जहां पर संक्षेप में ध्यान को वश में करने के कुछ सुझाव दिए गए हैं। इन्हें सिद्धान्त भी कहा जा सकता है:

1. स्पष्ट उद्देश्य का सिद्धान्त (Principle of Clear Objective)
2. स्वस्थ तथा शान्तमय वातावरण का सिद्धान्त (Principle of Healthy and Peaceful Environment)
3. रुचि का सिद्धान्त (Principle of Interest)
4. कक्षा में व्यवस्था का सिद्धान्त (Principle of Orderly Classroom Arrangement)
5. कार्य में तत्परता का सिद्धान्त (Principle of Mind Set or Readiness)
6. प्रभावी शिक्षण-अधिगम विधियों तथा तकनीकों के प्रयोग का सिद्धान्त (Principle of Use of Effective Teaching-learning Methods)
7. उपयुक्त श्रव्य-दृश्य सहायक सामग्री के प्रयोग का सिद्धान्त (Principle of the Use of Appropriate Audio-visual Aids)
8. शिक्षण सूक्तियों के प्रयोग का सिद्धान्त (Principle of the Use of Maxims of Teaching)
9. अभ्यास का सिद्धान्त (Principle of Exercise)

10. उपयुक्त प्रश्नोत्तर तकनीक का सिद्धान्त (Principle of Appropriate Question-answer Technique)
11. पुनरावृत्ति का सिद्धान्त (Principle of Recapitulation)
12. नवीनता का सिद्धान्त (Principle of Novelty)
13. शिक्षक के प्रभावी व्यक्तित्व का सिद्धान्त (Principle of Wholesome Personality of the Teacher): अवधान का सबसे प्रमुख तत्त्व अध्यापक का व्यक्तित्व है।

रुचि (Interest)

रुचि का अर्थ (Meaning of Interest)

रुचि के अर्थ तथा इसके विभिन्न पक्षों को जानने के लिए आवश्यक है कि विद्वानों द्वारा दी जाने वाली रुचि की परिभाषाओं पर दृष्टि डालें।

1. *बिंघम (Bingham)*: "रुचि किसी अनुभव में लिप्त हो जाने (Absorbed) तथा उसे चालू रखने की प्रवृत्ति है।"

2. *स्ट्राँग (Strong)*: मोटर (गत्यात्मक) कौशल नौका की गति निर्धारित करती है तथा पतवार (Rudder) नौका की दशा। मोटर तथा पतवार–दोनों ही दूरी तय करने के लिए उत्तरदायी हैं। यदि हम मोटर को मनुष्य की योग्यता मान लें, पतवार को रुचि तथा दूरी को निष्पत्ति मान लें तो यह कह सकते हैं कि मानव जीवन में प्राप्त निष्पत्तियाँ (Achievements) मनुष्य की योग्यता तथा रुचि पर निर्भर हैं।

3. ड्रीवर (Drever): "रुचि व्यक्ति का स्थिर गुण है।"

4. रेमर तथा गेज (Rammer and Gage): "सुखद तथा दुखद भावनाओं तथा पसन्द व न पसन्द व्यवहार को आकर्षण तथा विकर्षण के रूप में रुचि प्रदर्शित होती है।"

5. जे.एस. सेनहरी (J.M. Sanhrey) तथा सी. डब्ल्यू. टैलफोर्ड (C.W. Telford): "रुचि वस्तुओं के अनुकूल अभिवृत्ति है।"

रुचि दो वस्तुओं को सम्बन्धित करती है। उनका मेल-मिलाप करती है। फलतः कहा जा सकता है कि किसी व्यक्ति विशेष, किसी विशेष कार्यकलाप तथा वस्तु विशेष में रुचि लेने का अभिप्राय है, उस व्यक्ति कार्यकलाप तथा वस्तु में अपने को तन्मय कर देना। रुचि के होने पर रुचि के व्यक्ति, वस्तु तथा कार्यकलाप तथा वस्तु में किसी प्रकार का भेदभाव नहीं रहता है। उदाहरण के लिए–सोहन सीता में रुचि रखता है। सोहन तथा सीता एक-दूसरे से अलग तथा भिन्न हैं। परन्तु सोहन ज्यों ही सीता में रुचि लेने लगता है, उसका मस्तिष्क उसमें पूर्ण रूप से लीन हो जाता है। अर्थात् रुचि के द्वारा सोहन तथा सीता के मस्तिष्क के भेद-भाव की खाई पट जाती है।

जॉन ड्यूवी (John Deavey) ने रुचि के भावात्मक तथा निजी विषय के सम्बन्ध में अपने विचार इस प्रकार व्यक्त किए हैं, "जब हम किसी व्यक्ति के सम्बन्ध में यह कहते हैं कि वह इस या उस वस्तु में रुचि लेता है तो हमारा बल व्यक्ति की निजी अभिव्यक्ति या उसके रवैये पर होता है। रुचि को रखने का अभिप्राय वस्तु-विशेष में तल्लीनता होना है, संश्लिष्ट हो जाना तथा समा जाना है।" किसी वस्तु में रुचि लेने का अभिप्राय उसके प्रति चौकन्ना रहना, उसकी देखभाल करना तथा उसके प्रति सावधान रहना है।

रुचि की विशेषताएँ (Characteristics of Interest)

1. रुचि किसी व्यक्ति के अनुभव की अवस्था है।
2. रुचि ध्यान का आधार है।
3. रुचि तथा व्यवहार का परस्पर गहरा सम्बन्ध है।
4. रुचि किसी वस्तु में तल्लीनता है।
5. रुचि वस्तु के प्रति सावधान रहती है।
6. रुचि वस्तु की देखभाल में सहायक है।
7. विभिन्न व्यक्तियों की रुचियाँ भिन्न होती हैं।
8. रुचि का स्वरूप सकारात्मक है।
9. रुचि स्थायी नहीं होती है।

10. रुचि वंशानुक्रम (Heredity) तथा वातावरण (Environment) से प्रभावित होती है।

11. आयु की वृद्धि के साथ व्यक्तियों की रुचियाँ कम भिन्न होती हैं।

12. रुचि व्यक्तित्व का एक महत्त्वपूर्ण पक्ष है।

13. रुचि शिक्षण अधिगम प्रक्रिया को प्रभावी बनाती है।

रुचि को प्रभावित करनेवाले कारक
(Factors Affecting Interest)

रुचि को प्रभावित करनेवाले निम्नलिखित कारक हैं:

1. *घर का वातावरण* (*Home Environment*): माता-पिता की रुचियों का बच्चों पर बहुत प्रभाव पड़ता है। प्राचीन काल में तो प्रायः लड़के अपना पैतृक धन्धा अपनाते थे। दूसरे शब्दों में उनकी रुचि का आधार घर का वातावरण होता था।

आज भी हम देखते हैं कि किसी न किसी मात्रा में माता-पिता की रुचियाँ बच्चों पर प्रभाव डालती हैं। राजनीति में भाग लेने वाले परिवारों के बच्चों की रुचि राजनीति में हो जाती है। गायक के बच्चे गायन में रुचि लेना आरम्भ कर देते हैं।

2. *परिवार की आर्थिक स्थिति* (*Economic Condition of the Family*): सम्पन्न परिवारों के बच्चों की रुचियाँ निर्धन परिवारों की रुचियों से प्रायः भिन्न होती हैं।

3. *शारीरिक स्थिति* (*Physical Condition*): एक स्वस्थ बालक फुटबाल, क्रिकेट तथा हॉकी आदि खेलों में अधिक रुचि लेता है। शरीर से दुर्बल बच्चे उन खेलों में रुचि लेते हैं जिनमें शारीरिक शक्ति की कम आवश्यकता पड़ती है।

4. *आयु* (*Age*): छोटे बच्चे अर्थात् 4 से 7 वर्ष के गुड्डे-गुड़ियों के खेल में रुचि लेते हैं। 10 वर्ष की आयु में बच्चों की रुचियाँ बदल जाती हैं। बच्चे वीरता तथा विज्ञान के विषयों में रुचि लेते हैं।

5. *लिंग* (*Sex*): प्रायः लड़कियाँ प्रारम्भ से घर के कार्य में अधिक रुचि लेती हैं। परम्परागत से कढ़ाई-सिलाई में लड़कियों की रुचि ज्यादा होती है।

किशोर अवस्था में यौन-सम्बन्धी रुचियों का विकास होता है।

6. *बुद्धि* (*Intelligence*): जिन बच्चों की तीव्र बुद्धि होती है वे तर्क आदि गतिविधियों में ज्यादा रुचि लेते हैं। परन्तु मन्द बुद्धि वाले बच्चे ऐसा नहीं करते हैं।

7. *आदर्श* (*Ideals*): बच्चों की रुचियों पर उनके आदर्शों का भी प्रभाव पड़ता है।

8. *सामाजिक तथा सांस्कृतिक व्यवस्था* (*Social and Cultural Order*): व्यक्ति जिस समाज में रहता है, वह उसके रहन-सहन तथा रीति-रिवाजों से भी प्रभावित होता है।

9. *शिक्षा तथा प्रशिक्षण* (*Education and Training*): हमारी रुचियों तथा मनोभावों पर शिक्षा तथा प्रशिक्षण का गहरा प्रभाव पड़ता है।

रुचियों के प्रकार
(Types of Interests)

(1) जन्मजात अथवा प्राकृतिक रुचियाँ (Inborn or Natural Interests)

उदाहरण: (i) खेल में बच्चों की रूचि
(ii) माता-पिता में रूचि
(iii) तोड़-फोड़ में रूचि।

(2) अर्जित रुचियाँ (Acquired Interests)

ये रुचियाँ शिक्षा, प्रशिक्षण, तथा वातावरण के माध्यम से प्राप्त की जाती हैं। इन रुचियों का आधार जन्मजात है।

अवधान तथा रुचि का सम्बन्ध
(Relationship Between Attention and Interest)

अवधान तथा रुचि एक ही मानसिक क्रिया के दो पक्ष हैं। विलियम मैग्डूगल (William Mcdougall) के कथानानुसार, रुचि छिपा हुआ ध्यान है और ध्यान क्रियात्मक रुचि है (Interest is laten attention and attention is interest in action) आर.एस. वुडवर्थ (R.S. Woodworth) का कहना है, "विशुद्ध रुचि ध्यान को बनाए रखने का आदर्श साधन है।" (A genuine interest is an ideal sustainer of attention)। जेम्स ड्रीवर (James Drever) के विचार में, "रुचि किसी प्रवृत्ति का क्रियात्मक पक्ष है।" इसलिए रुचि अवधान की ही क्रियात्मक क्रिया है।

किसी मनोवैज्ञानिक ने कहा है कि "रुचि ध्यान की जननी है और ध्यान रुचि का पालक। रुचि ध्यान को उत्तेजित करती है और ध्यान रुचि को अधिक उत्तेजना देता है। जब व्यक्ति की किसी क्रिया में रुचि होती है तभी वह उसकी ओर ध्यान देगा। हम घोड़े को पानी के तालाब पर तो ले जा सकते हैं परन्तु पानी नहीं पिला सकते जब तक की उसकी रुचि पानी में नहीं होती।

यदि मैं किसी वस्तु अथवा विचार पर ध्यान दूँगा तो मेरी रुचि उसमें और भी बढ़ेगी।

अवधान को बाहरी दबाव से नियन्त्रित नहीं किया जा सकता। वह तो हमेशा रुचि से ही उत्तेजित होता है।

कक्षा में ध्यान तथा रुचि उत्पन्न करने के उपाए
(Measures for Arousing Attention and Interest in the Class)

कक्षा में पढ़ाते समय पाठ में ध्यान तथा रुचि बढ़ाने तथा कायम रखने के लिए निम्न बातों पर ध्यान दिया जाना चाहिए–

1. कक्षा-कक्ष का प्रभावी मनोवैज्ञानिक वातावरण निर्माण करना।
2. कक्षा-कक्ष्ज्ञ में प्रभावी भोतिक वातावरण निर्माण करना।
3. पाठ-योजना को ध्यानपूर्वक बनाना तथा क्रियान्वयन करना।
4. पाठ में शिक्षण के सूत्रों (Maxims of teaching) का प्रयोग करना।
5. पाठ में चुनौती पूर्ण तथा प्रभावी शिक्षण विधियों का प्रयोग करना।
6. पाठ में श्रव्य-दृश्य साधनों का प्रयोग करना।
7. पाठ में उपयुक्त दृष्टान्त देना।
8. पाठ में छात्रों को भागीदार बनाना।
9. अध्यापक की आवाज का स्पष्ट होना। उचित अवसरों पर आवाज तथा बात बदलते रहना।
10. श्याम पट का उपयुक्त प्रयोग करना।
11. अध्यापक को अपना व्यक्तित्व प्रभावी बनाना।
12. साकारात्मक ढंग से अनुशासन स्थापित करना।

5

सृजनात्मकता तथा सृजनात्मक प्रक्रिया (Creativity and Creative Process)

सृजनात्मकता का अर्थ (Meaning of Creativity)

सृजनात्मकता का जीवन के प्रत्येक पक्ष में अत्यन्त महत्त्व है। यदि हम अपने जीवन के किसी भी पक्ष पर दृष्टिपात करें तो यह ज्ञात होता है कि प्रतिदिन कुछ न कुछ नवीन वस्तुएँ, परिवर्तन, नई परिस्थितियाँ एवं नए विचार हमारे सम्मुख आते रहते हैं। यह सब कुछ सृजनशीलता का ही परिणाम है। संसार में प्रत्येक प्रकार की प्रगति का आधार सृजनात्मकता ही है। अतः छात्रों में इसका विकास बहुत जरूरी है।

सृजनशीलता का अर्थ (*Meaning of Creativity*): यह जानना भी महत्त्वपूर्ण है कि सृजनशीलता का अर्थ क्या है। इस सन्दर्भ में विद्वानों ने अनेक मत प्रकट किए हैं।

सृजनशीलता की परिभाषा का अध्ययन करने का प्रयास रहोडस् (Rhodes) ने 1961 में किया। उसने सृजनशीलता की लगभग 50 विख्यात एवं प्रचलित परिभाषाओं को एकत्रित किया तथा उनका अध्ययन करने के पश्चात् वह इस निष्कर्ष पर पहुँचा कि इन सभी परिभाषाओं को पाँच वर्गों में बाँटा जा सकता है। ये परिभाषायें मुख्यतः निम्नलिखित पर विशेष बल देती हैं:

I. सृजनशीलता को उत्पादन तत्त्व के संदर्भ में परिभाषित करना। (Creativity as product)

II. सृजनशीलता को एक प्रक्रिया के रूप में मानना। (Creativity as process)

III. सृजनशीलता को व्यक्तित्व या सृजनशील व्यक्ति के रूप में परिभाषित करना। (Creativity as a creative person or creative personality)

IV. सृजनशीलता को सृजनशील परिस्थिति के रूप में देखना (Creativity as a creative situation)

V. सृजनशीलता को कई दृष्टिकोणों से देखना (Considering Creativity from Various Angles)

इसके अतिरिक्त कुछ ऐसे भी विद्वान हैं जैसे गिलफोर्ड जो कि सृजनशीलता को एक मानसिक शक्ति के रूप में भी मानते हैं।

1. *स्टीन* (*Stein—1953*) ने सृजनशीलता की परिभाषा देते हुए लिखा है कि कोई भी मानसिक प्रक्रिया सृजनशील तभी कही जायेगी जब वह किसी मौलिक कार्य या उत्पादन में परिणित हो और उसे प्राप्त किया जा सके या वह उपयोगी हो या किसी एक समूह के द्वारा किसी समय पर सन्तोषप्रद हो।

उसके अनुसार किसी भी उत्पादन को हम सृजनशील (Creative) तभी मानेंगे जब उसमें मौलिकता एवं उपयोगिता के दोनों ही गुण हों।

2. *हॉलमैन* (*Hallman*) के अनुसार सृजनात्मक प्रक्रिम से जो उत्पादन होता है वह अवश्य ही मौलिक (Original) होना चाहिए। उसने किसी भी सृजनात्मक उत्पादन के निम्नलिखित चार गुण बताये हैं जिनके आधार पर हम कह सकते हैं कि कोई भी उत्पादन वास्तव में मौलिक है या नहीं:

(i) नवीनता (Novelty or Newness)

(ii) जिसके सम्बन्ध में पहले से कुछ न बताया जा सके (Un-predictable) अर्थात् जो कुछ भी पहले से उपलब्ध है, उसके आधार पर उस उत्पादन के सम्बन्ध में कुछ कहा न जा सके।

(iii) विलक्षणता (Uniqueness): जो अद्वितीय हो, जो पहले देखा सुना न गया हो, जिसकी तुलना न की जा सके।

(iv) अचम्भा (Surprise)–वह मनोवैज्ञानिक प्रभाव जो कि किसी नवीन अद्भूत, अद्वितीय वस्तु को देखने से होता है।

II. सृजनात्मक प्रक्रिया (Creative Process)

3. *मेडनिक (Madnick)* ने सृजनशीलता की प्रक्रमात्मक परिभाषा दी है। उसके अनुसार "सृजनात्मक चिन्तन सहचर्यात्मक तत्त्वों (Associative elements) के नवीन सम्मिश्रण या समुच्चय (Combination) का निर्माण है, यह समुच्चय या तो किसी पूर्व नियोजित आवश्यकता की पूर्ति करता है या किसी-न-किसी रूप में उपयोगी होता है। जितना ही यह नया समुच्चय सामान्य चिन्तन से दूर होगा उतनी ही मात्रा में हम उस प्रक्रम को या हल को सृजनशील कहेंगे।"

4. *टारैन्स (Torrance)*: "सृजनात्मकता समस्याओं, कमियों, ज्ञान में कमी, खोए तत्त्वों, अव्यवस्थाओं इत्यादि के प्रति संवेदनशील होने की प्रक्रिया है। इसके अन्तर्गत कठिनाइयों की पहचान करना, समाधानों की खोज, कमियों के बारे में अनुमान लगाना अथवा परिकल्पनाएँ (Hypotheses) निर्धारण करना तथा उनका पुनः निरीक्षण तथा परीक्षण करना और अन्ततः परिणामों की घोषणा करना तत्त्व आते हैं।"

5. *अर्नल्ड (Arnold)* ने सृजनात्मक प्रक्रम को, पूर्व अनुभवों का एक नया नमूना या नया समुच्चय माना है जो कि सृजन करने वाले के लिंग और सम्भवतः समाज के लिए सन्तोषप्रद हो।

6. *ग्राहम (Grahm)* के अनुसार सृजनात्मक प्रक्रम में निम्नलिखित चार अवस्थाएँ (Stages) होती हैं:

(a) आयोजन (Preparation)–इस अवस्था में व्यक्ति समस्या पर भली प्रकार विचार करता है, उसे देखता है तथा गहराई के साथ उसका अध्ययन करता है।

(b) उद्भवन (Incubation)–चेतन चिंतन प्रक्रिया में ढीलापन आ जाता है। तार्किक नियंत्रण ढीले पड़ जाते हैं और अचेतन प्रक्रम सक्रिय हो जाये इसकी सम्भावनायें बढ़ जाती हैं।

(c) प्रबुद्धि (Illumination)–यह समस्या समाधान का चमत्कारिक अनुभव है। अचानक, अन्तर्दृष्टि उत्पन्न होती है। विचार आते हैं, समस्या का समाधान हो जाता है।

(d) विस्तरण (Elaboration)–इस अवस्था में आये हुए समाधानों का अत्यन्त गहराई से एवं व्यवस्थित रूप से अध्ययन किया जाता है। निष्कर्षों एवं समाधानों का परीक्षण एवं जाँच किया जाता है।

III. सृजनशीलता व्यक्ति के रूप में (Creativity as a Person)

इस दृष्टिकोण से सृजनशीलता को सृजनशील व्यक्तियों की विशेषताओं के रूप में परिभाषित करने की चेष्टा की जाती है। बहुत से मनोवैज्ञानिकों का विचार है कि सृजनशीलता व्यक्तित्व के विशिष्ट गुणों का ही प्रतिफल है।

7. *रोजर्स* (*Rogers*) ने सृजनशील व्यक्तियों के व्यक्तित्व के गुणों की चर्चा करते हुए निम्नलिखित तीन विशेषताओं पर विशेष बल दिया है–

(1) सृजनात्मक व्यक्ति में नये-नये अनुभव करने के लिए एक प्रकार का खुलापन (Openness) होता है।

(2) सृजनशील व्यक्तियों में सम्प्रत्ययों एवं विचार बिन्दुओं के साथ मनोरंजन एवं खिलवाड़ करने की इच्छा एवं योग्यता होती है।

(3) सृजनशील व्यक्तियों में अपने सृजनात्मक उत्पादन के लिए अपनी निजी कसौटी होती है। वे इस बात की परवाह नहीं करते कि दुनिया उनके बारे में क्या सोचती है या कहती है। वे अपने व्यवहारों को अपनी आन्तरिक कसौटी पर ही कसना चाहते हैं।

8. *मासलो* (*Maslow*) ने सृजनात्मक व्यक्तित्व के गुणों की चर्चा करते हुए इससे भी विस्तृत सूची दी है। उसके अनुसार सृजनशील व्यक्ति के व्यक्तित्व में निम्नलिखित विशेषतायें पाई जाती हैं–

(1) सृजनशील व्यक्ति तत्क्षण कार्य करने में सक्षम होते हैं (Spontaneous)।

(2) वे अभिव्यक्ति करने में सक्षम होते हैं (Expressive)।

(3) उनके विचारों में एक प्रकार का प्रवाह रहता है जो कि बिना किसी प्रयास के स्वयं ही बहता रहता है (Effortless)।

(4) सृजनशील व्यक्ति भोला होता है और वह फरेब तथा मक्कारी से दूर रहता है (Innocent)।

(5) वे अज्ञात एवं अस्पष्ट वस्तुओं एवं विचारों से घबड़ाते और भय नहीं खाते हैं।

(6) वे अनिश्चितता एवं अन्तरिम अथवा कामचलाऊ (Tentative) सुझावों एवं विचारों को स्वीकार करने में सक्षम होते हैं।

(7) उनमें विरोध को सहने की अधिक क्षमता होती है।

इस प्रकार संक्षेप में हम कह सकते हैं कि *मासलो* का विश्वास है कि सृजनशील व्यक्ति एक स्वस्थ एवं आत्मसिद्धि (Self actualization) करने वाला व्यक्ति होता है।

8. *मैकिनन* (*Mackinnon*) ने सृजनशील व्यक्तियों के व्यक्तित्व पर हुए अनुसन्धानों का अध्ययन करने के पश्चात् सृजनशील व्यक्तियों के व्यक्तित्व से संबंधित गुणों को इस प्रकार सारांश रूप में प्रस्तुत किया है–

(i) सृजनशील व्यक्ति बुद्धिमान होते हैं।

(ii) वे मौलिक (Original) होते हैं।

(iii) उनमें विचार एवं आचार स्वातंत्र्य होता है।

(iv) उनमें आन्तरिक एवं बाह्य जगत् दोनों के ही अनुभव प्राप्त करने के लिए एक प्रकार का खुलापन होता है। वे अन्त:प्रज्ञा (Intution) से सम्पन्न होते हैं।

(v) उनमें सौंदर्यात्मक संवेदनशीलता अधिक होती है।

(vi) वे गतिविधियों को जकड़ने वाले अवरोध (Inhibition) से मुक्त होते हैं।

(vii) उनमें उच्च स्तर की कार्यशक्ति होती है।

(viii) उनमें एक प्रकार की सुदृढ़ भरोसे अथवा भक्तिव्यता (Destiny) का शक्तिशाली भाव होता है जिसमें कार्य करने की दृढ़भावना और संकल्प भी सम्मिलित है।

सृजनात्मक विचारक वह है जो नवीन क्षेत्रों की खोज करता है, नवीन अवलोकन करता है। नवीन भविष्यवाणियाँ करता है तथा नवीन निष्कर्ष निकालता है।

9. रुच (*Ruch*) का कहना है, "जो व्यक्ति किसी परिस्थिति के तत्त्वों को सुव्यवस्थित रूप में एकीकृत करने में मौलिकता तथा योग्यता का प्रदर्शन करते हैं, वे सृजनात्मक जीवन व्यतीत करते हैं।

10. *मैकिनन* ने अपने अनुसंधानों में यह भी पाया कि सृजनात्मक व्यक्ति अर्थों एवं विचारों में अधिक तथा छोटी-मोटी बातों और व्यवहारिक जीवन में कम रुचि रखते हैं।

IV. सृजनशीलता एक योग्यता या क्षमता के रूप में (Creativity as an Ability)

12. सृजनशीलता को बहुत से मनोवैज्ञानिकों ने मानसिक योग्यता के रूप में परिभाषित किया है। सृजनात्मक शक्ति की प्रकृति को समझने के लिए *गेटजेल* और *जैक्सन* (Getzel and Jackson) ने शोध कार्य किया और इस निष्कर्ष पर पहुँचे कि सृजनशीलता एवं बुद्धि दोनों पर्यायवाची नहीं हैं। उन्होंने अपने अनुसंधान में दो टोलियाँ बुद्धि-परीक्षण एवं सृजनशीलता के परीक्षण के आधार पर बनायीं। पहली टोली में अति उच्च बुद्धि के बालक थे किन्तु वे सृजनशीलता के परीक्षण में नीचे थे। दूसरी टोली में वे बालक थे जो बुद्धि परीक्षण में तो नीचे थे किन्तु सृजनशीलता के परीक्षण पर अति उच्च थे। जब इन दो टोलियों की बुद्धि और सृजनशीलता में सह-सम्बन्ध निकाला गया तो सह-सम्बन्ध लगभग शून्य था। इस प्रकार वे इस निष्कर्ष पर पहुँचे कि उच्च बुद्धि-लब्धि के स्तर पर बुद्धि एवं सृजनशीलता में कोई सह-सम्बन्ध नहीं है।

V. सृजनात्मकता वेफ विभिन्न रूप (Different Forms of Creativity)

13. *गिलफॉर्ड* (*Guilford*): "कभी सृजनात्मकता का अभिप्राय: क्षमता से होता है, कभी सृजनात्मक रचना से तथा कभी सृजनात्मक उत्पादकता से।"

निष्कर्ष: ऊपर की परिभाषाओं से हम इस निष्कर्ष पर पहुँचते हैं कि सृजनात्मकता बहुपक्षीय अवधारणा है। इसमें मौलिकता तथा नवीनता के मुख्य पक्ष हैं। इसका अर्थ भली-भाँति समझने के लिए इसकी निम्नलिखित विशेषताओं से परिचित होना आवश्यक है।

सृजनात्मकता की विशेषताएँ (Characteristics of Creativity)

उपरोक्त परिभाषाओं के आधार पर सृजनात्मकता की विशेषताओं का वर्णन निम्न प्रकार से किया जा सकता है:

1. सृजनात्मकता एक ऐसी सार्वभौमिक योग्यता है जो लगभग हर व्यक्ति में कुछ-न-कुछ अंश में पाई जाती है।
2. सृजनात्मकता के आधार पर व्यक्ति पूर्णरूप से या आंशिक रूप से किसी नवीन वस्तु या विचार को जन्म देता है।
3. सृजनात्मक योग्यता का विकास विशेष प्रकार की शिक्षा और प्रशिक्षण द्वारा किया जा सकता है।
4. समाज द्वारा मान्य तथा उपयोगी वस्तु या विचार को ही सृजनात्मक कार्य के अन्तर्गत स्वीकार किया जा सकता है।
5. कोई भी सृजनात्मक अभिव्यक्ति सृजनकर्त्ता के लिए आनन्द का स्रोत होती है।
6. सृजनात्मकता के लिए व्यक्ति अपनी इच्छानुसार प्रक्रिया या विधि का चुनाव करता है।
7. सृजनात्मकता का क्षेत्र अत्यन्त व्यापक है। जीवन का कोई भी पक्ष या क्षेत्र जैसे-कविता, कहानी, नाटक आदि साहित्यिक क्षेत्र, नृत्य, संगीत, चित्रकला, शिल्पकला आदि कलात्मक क्षेत्र, वैज्ञानिक आविष्कार या अनुसंधान संबंधी क्षेत्र आदि का कोई भी क्षेत्र सृजनात्मकता की आधारभूमि बन सकता है।
8. सृजनात्मकता किसी भी समस्या का समाधान प्रस्तुत करती है।
9. सृजनात्मकता में दो या अधिक वस्तुओं के संयोग से नवीनता उत्पन्न की जा सकती है।

10. सृजनात्मकता में नवीनता, उपयुक्तता, रूपांतरण और संक्षेपण के तत्त्व सम्मिलित होते हैं। (चित्र 5.3)

सृजनात्मकता और बुद्धि (Creativity and Intelligence)

प्रायः देखा गया है कि कुछ व्यक्तियों में उच्च सृजनात्मकता होती है परन्तु उनका बौद्धिक स्तर निम्न होता है। इसी प्रकार से यह भी आवश्यक नहीं है कि जिनका बौद्धिक स्तर उच्च हो, उनमें सृजनात्मकता भी उच्च स्तर की हो। उच्च बौद्धिक स्तर और उच्च सृजनात्मकता का साथ-साथ चलना बाह्य कारकों पर निर्भर करता है। सृजनात्मकता के लिए बुद्धि के अतिरिक्त अन्य तत्त्वों की भी आवश्यकता है। बहुधा लेखकों, गणितज्ञों, इंजीनियरों आदि में सृजनात्मकता अधिक मात्रा में होती है परन्तु यह आवश्यक नहीं है कि इनमें बुद्धि अधिक मात्रा में हो ही। सृजनात्मक शून्य में क्रियाशील नहीं हो सकती है। इसमें पूर्व अर्जित ज्ञान का उपयोग होता है, यह ज्ञान का उपयोग बौद्धिक क्षमताओं से सम्बन्धित है। अतः सृजनात्मकता और बुद्धि का समन्वय स्वाभाविक है।

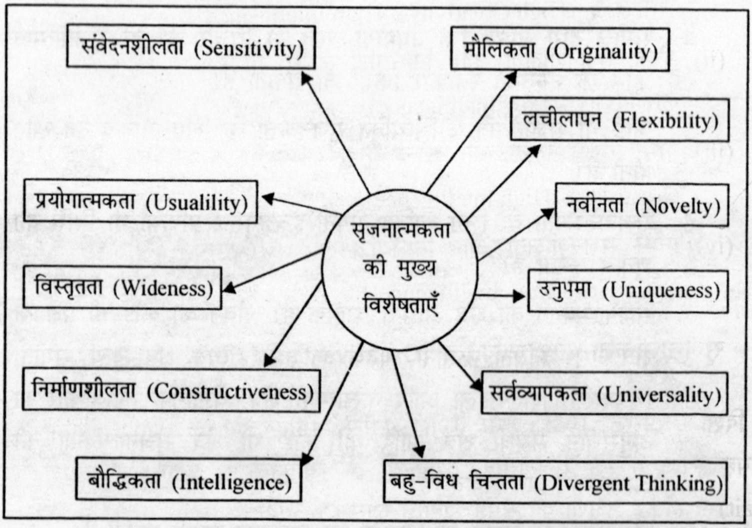

चित्र 5.1: सृजनात्मकता की मुख्य विशेषताएँ (Chief Characteristics of Creativity)

बुद्धि और सृजनशीलता के सह-सम्बन्धों पर हुए अनुसंधानों का जिक्र करते हुए टारेन्स ने निम्नलिखित निष्कर्ष निकाले हैं–

(अ) बुद्धि परीक्षण और सृजनात्मक परीक्षण के सह-सम्बन्ध अधिकतर अनुसंधानों में कम ही पाया गया है (.30 के आसपास) किन्तु यह सह-संबंध बालकों की अपेक्षा बालिकाओं में अधिक पाया गया है।

(आ) उच्चस्तरीय बुद्धि-लब्धि (132 से 186 बुद्धि-लब्धि तक जैसा कि बिना परीक्षण द्वारा मापा जाता है) पर जब सृजनात्मक परीक्षण से सह-सम्बन्ध निकाला जाता है तो सह-सम्बन्ध .03 के लगभग ही रहता है।

वैलाच और कोगान (Wallach and Kogan) ने अपने अध्ययनों के आधार पर सृजनशीलता और बुद्धि-लब्धि के संबंध में अलग-अलग निम्नलिखित चार समूह पाए:

(i) वे लोग जो उच्च सृजनात्मक शक्ति और उच्च बुद्धि-लब्धि दोनों से ही सम्पन्न हैं (High Creativity—High Intelligence)।

(ii) उच्च सृजनशीलता और निम्नबुद्धि-लब्धि से सम्पन्न लोग (High Creativity—Low Intelligence)।

(iii) निम्न सृजनशीलता और उच्च बुद्धि-लब्धि से सम्पन्न लोग (Low Creativity—High Intelligence)।

(iv) निम्न सृजनशीलता और निम्नबुद्धि-लब्धि से सम्पन्न लोग (Low Creativity—Low Intelligence)।

सृजनात्मकता और व्यक्तित्व (Creativity and Personality)

इस दिशा में अरस्ते, 1968; हैमर, 1964; टारैन्स, 1969 द्वारा किए गए अध्ययनों से यह स्पष्ट है कि सृजनात्मक व्यक्तियों के व्यक्तित्व में कोई एक लक्षण (Trait) न होकर लक्षणों का समूह होता है जिसे Creativity Syndrome कहते हैं। इन लक्षणों में कुछ प्रमुख हैं–साहसी कार्य की प्रवृत्ति, जिज्ञासा, आत्मविश्वास, बौद्धिक स्थिरता, विनोदी भाव, स्पष्ट विचारधारा, आत्म-अनुशासन, उच्च आकांक्षाएँ, स्वतन्त्रता की आवश्यकता, लचीलापन, विचारों को प्रहस्थन करने की पसन्द,

कार्यों में स्वतन्त्रता, सौन्दर्यात्मक आदर्श आदि। प्रत्येक सृजनात्मक बालक में यह व्यक्तित्व लक्षण समान मात्रा और संख्या में नहीं होते हैं। सृजनात्मक बालकों का समायोजन बहुत कुछ वैसा ही होता है जैसे कि प्रतिभाशाली बालकों का समायोजन होता है। सृजनात्मक बालकों में व्यक्तियों के उपरोक्त लक्षणों के साथ यदि बुद्धि की प्रधानता है तो ऐसे बालकों का वैयक्तिक और सामाजिक समायोजन अच्छा होगा तथा उपलब्धि में भी सफलता प्राप्त होगी। व्यक्तित्व लक्षणों की एक अवस्था यह भी हो सकती है कि उपरोक्त व्यक्तित्व लक्षणों के साथ बुद्धि कम मात्रा में हो, इस अवस्था में बालक का समायोजन दूषित हो सकता है, वह विद्रोही तथा विरोधी हो सकता है। अतः ऐसी अवस्था में वह सामाजिक मूल्यों के साथ अनुरूपता करने वाला हो सकता है।

5.5 छात्रों में सृजनात्मकता की पहचान की आवश्यकता (Need for Identifying Creativity in Students)

विद्यालय में सृजनशीलता के अध्ययन और विकास के महत्त्व पर प्रकाश डालते हुए टारैन्स (Torrance) ने निम्नलिखित तथ्य प्रस्तुत किये हैं:

(1) बालकों में सृजनशीलता का अध्ययन उनके व्यक्तित्व और मानसिक स्वास्थ्य की दृष्टि से अत्यन्त आवश्यक है क्योंकि यदि बालकों में सृजनशीलता का दमन किया जायेगा तो उनके व्यक्तित्व का विकास ही नहीं रुक जाएगा, बल्कि उनका व्यक्तित्व ही छिन्न भिन्न हो जाएगा।

(2) सृजनात्मक चिन्तन नयी-नयी जानकारियों के अर्जन में बहुत महत्त्वपूर्ण योगदान देता है।

(3) सृजनात्मक चिन्तन व्यावसायिक उन्नति के लिए ज्ञान के प्रयोग में अपनी भूमिका निभाता है।

(4) समाज की दृष्टि से भी सृजनात्मक प्रतिभा से सम्पन्न व्यक्तियों की पहचान, उनका विकास तथा उनकी योग्यताओं का उपयोग बहुत ही महत्त्वपूर्ण है क्योंकि किसी भी देश का भविष्य उस देश के सृजनशील व्यक्तियों पर ही निर्भर करता है।

5.6 सृजनात्मक छात्रों के गुण अथवा विशेषताएँ (Qualities or Characteristics of Creative Students)

सृजनशील बालक के व्यवहार में निम्न विशेषताएँ पाई जाती हैं, जिनका अध्ययन करके सृजनशील बालकों की पहचान की जा सकती है:

(i) सृजनशील बालकों के व्यवहार में मौलिकता होती है।

(ii) उसके अन्दर स्वयं निर्णय लेने की क्षमता होती है।

(iii) सृजनशील बालकों में संवेदना अधिक होती है।

(iv) वे किसी भी कार्य को गम्भीरता से लेते हैं।

(vi) वे अपने कार्य को अपना समझकर उत्तरदायित्वपूर्ण ढंग से करते हैं।

(vii) उनके विचार तथा अभिव्यक्ति में प्रवाहात्मकता (Fluency) होती है।

(viii) उनमें उत्सुकता के कारण कुछ-न-कुछ करने की लगन बनी रहती है।

(ix) उनका व्यवहार लचीला होता है। वे आवश्यकतानुसार व्यवहार को परिवर्तित कर लेते हैं।

(x) हर काम को विस्तार में कहने व करने की उनकी आदत होती है।

(xi) उनमें प्रगतिशीलता होती है।

(xii) उनमें रहस्यपूर्ण, अज्ञात तथा अनजान के प्रति आकर्षण व निर्भयता होती है।

(xiii) उन बालकों में वस्तुओं में निहित सम्बन्धों को देखने और सम्बन्ध स्थापित करने की योग्यता होती है।

(xiv) उनके अन्दर कल्पना शक्ति की प्रचुरता होती है।

(xv) उनमें उच्चतर की सौन्दर्यानुभूति, सौन्दर्यग्राह्यता व सौन्दर्यपरख क्षमता होती है। वे किसी भी सुन्दर वस्तु की तरफ शीघ्र आकर्षित होते हैं व उसकी सराहना करते हैं।

(xvi) उनमें विपरीत परिस्थितियों में सामंजस्य करने तथा साहस भरे कार्यों के लिए चुनौती स्वीकार करने की क्षमता होती है।

(xvii) सृजनशील बालकों में किसी भी कार्य को करने के लिए आत्मविश्वास की प्रचुरता होती है।

(xviii) उनमें एक ही समय में कई विचारों को सम्मुख रखने की योग्यता होती है।

(xix) उनमें स्वतन्त्र रूप से निर्णय लेने की योग्यता होती है।

(xx) उनमें विरोधी तत्त्वों का समन्वय करने की क्षमता होती है।

(xxi) उनमें करने की शक्ति उच्च कोटि की होती है।

(xxii) उनमें आनेवाली समस्याओं की पूर्व कल्पना होती है।

(xxiii) वे अपनी जिम्मेदारी को भली प्रकार समझते हैं।

(xxiv) उनमें अपूर्व धैर्य होता है।

(xxv) वे कठिनाईयों से जूझना जानते हैं।

सृजनात्मक छात्रों की पहचान अथवा मापन
(Identification and Measurement of Creativity)

सृजनात्मक परीक्षणों का प्रयोग

बालकों की सृजनात्मक योग्यता का पता लगाने के लिए मनोवैज्ञानिकों ने अनेक परीक्षणों की रचना की है। इसमें से कुछ मुख्य परीक्षण निम्नलिखित हैं–

(1) टोरेन्स सृजनात्मक चिन्तन परीक्षण (Torrance Test of Creative Thinking),

(2) गिलफोर्ड का ब्रिक्स टैस्ट (Guilford's Bricks Test),

(3) मिनीसोटा सृजनात्मक चिंतन परीक्षण (Minnesota Test of Creative Thinking),

(4) बाकर मेहदी का सृजनात्मक चिंतन परीक्षण (Baquer Mehdi's Test of Creativity Training),

(5) गेटजेल्स और जैक्सन (Getjels and Jackson) ने अपने अनुसंधानों में सृजनशीलता के मापन के लिए निम्नलिखित पाँच प्रकार के परीक्षणों का उपयोग किया है:

(i) *शब्द साहचर्य परीक्षण* (*Word Association Test*): इसमें छात्रों को शब्दों की अधिक-से-अधिक परिभाषायें देने के लिए कहा जाता है।

(ii) *वस्तु उपयोग परीक्षण* (Uses of Things Test)–छात्रों से सामान्य वस्तुओं के अधिक-से-अधिक उपयोग बताने के लिए कहा जाता है।

(iii) *परोक्ष आकार परीक्षण* (*Hidden Shape Test*): एक कार्ड पर बने साधारण चित्र या आकार से बालकों को अधिक जटिल चित्र या आकार बनाने के लिए कहा जाता है।

(iv) *तीन विभिन्न अन्त परीक्षण* (*Three Different Ending Tests*): इसमें छात्रों से एक अधूरी लघु कथा को इस प्रकार पूरा करने के लिए कहा जाता है कि वह कहानी सुखान्त, दुखान्त एवं व्यंगविनोदान्त हो जाए।

(v) *समस्या निर्मित परीक्षण* (*Make-up Problem Test*): इसमें एक जटिल अनुच्छेद में दी गयी जानकारियों के आधार पर छात्रों से जितनी अधिक संख्या में गणितीय समस्याएँ वे बना सकते हैं बनाने के लिए कहा जाता है।

इन सृजनात्मक परीक्षणों के अलावा और भी बहुत से परीक्षणों का निर्माण तथा प्रयोग किया गया है।

इन सृजनात्मक परीक्षणों में शाब्दिक (Verbal) और अशाब्दिक (Non-verbal) दोनों प्रकार के परीक्षण होते हैं। शाब्दिक परीक्षणों में पदार्थों का नवीन प्रयोग, नए सम्बन्धों की स्थापना, विचारों में मौलिकता पुनर्व्याख्या एवं निरन्तरता का परीक्षण किया जाता है और अशाब्दिक परीक्षण में चित्र रचना, चित्र पूर्ति आदि के द्वारा सृजनात्मकता के गुणों का परीक्षण किया जाता है।

सृजनात्मक प्रक्रिया
(Creative Process)

सृजनात्मक प्रक्रिया का अर्थ (Meaning of Creative Process)

पृष्ठ 107 देखें।

टारैन्स (*Torrance*) के अनुसार, "सृजनात्मक प्रक्रिया दो अथवा अधिक वस्तुओं अथवा विचारों के बीच देखने अथवा अप्रत्याशित (Unforeseen) और नए सम्बन्धों की उत्पत्ति की मानसिक प्रक्रिया है।

इस प्रक्रिया के दो स्तर निम्नलिखित हैं:

1. वस्तुओं अथवा विचारों को एकत्रित करना तथा विविध अलग-अलग सम्भवनाओं में भेद करना।
2. सम्भावनाओं का संश्लेषण करना तथा तत्त्वों को नवीन तथा मौलिक विधि से एकत्रित करना।

सृजनात्मक प्रक्रिया के चरण (Stages of the Creative Process)

सृजनात्मकता का उदय बाल्यावस्था में ही हो जाता है। सर्वप्रथम बालकों के खेल में इसकी अभिव्यक्ति होती है। बालक की आयु वृद्धि के साथ-साथ यह खेल के अतिरिक्त अन्य क्षेत्रों में फैल जाती है। *अरस्ते* (J.D. Arasteh, 1968) के अनुसार बाल्यावस्था से किशोरावस्था तक कुछ प्रमुख क्रान्तिक काल (Critical Periods) निम्न प्रकार से हैं:

प्रथम अवस्था: प्रथम क्रान्तिक काल पाँच-छः वर्ष की अवस्था का समय है जब बालक विद्यालय जाना प्रारम्भ करता है। इस अवस्था में बालक को अध्यापकों की आज्ञा मानने, विद्यालय के नियमों का पालन करने आदि सम्बन्धी शिक्षा दी जाती है। साथ ही साथ उसे घर के नियमों का पालन करने के लिए बाध्य किया जाता है। अरस्ते का विचार है कि बालक पर नियन्त्रण यदि अधिक होता है या उसे अधिक नियन्त्रण और अनुशासन में रखा जाता है तो उसकी सृजनात्मकता रुक जाती है और दमित हो जाती है।

द्वितीय अवस्था: द्वितीय क्रान्तिक अवस्था आठ से दस वर्ष की अवस्था है। इस अवस्था में बालक विभिन्न साथी समूहों का सदस्य बनना पसन्द करता है। वह अपने साथी समूह के व्यवहार प्रतिमानों से जितनी अधिक अनुरूपता स्थापित करता है, समूह में उसका उतना ही अधिक सम्मान होता है। समूह प्रतिमानों को बालक यदि नहीं मानता है तो उसका तिरस्कार होता है। यदि इस अवस्था से

बालक का संतुलन बना रहता है तो सृजनात्मकता का विकास सामान्य रूप से चलता है।

तृतीय अवस्था: तृतीय क्रान्तिक अवस्था तेरह से पन्द्रह वर्ष तक की अवस्था है। इस अवस्था में बालक अपने साथियों का अनुमोदन चाहता है; विशेष रूप से विपरीत लिंग के व्यक्तियों का अनुमोदन। वह यदि अनुमोदन प्राप्त करने में ही संलग्न रहता है तो उसकी सृजनात्मकता का विकास सामान्य ढंग से नहीं चल पाता है।

चतुर्थ अवस्था: चतुर्थ अवस्था सत्रह से उन्नीस वर्ष तक की अवस्था है। इस अवस्था में किशोर दूसरों के अनुमोदन और स्वीकृति के लिए ही प्रयास नहीं करता है बल्कि वह व्यवसाय को प्राप्त करने अथवा व्यवसाय से सम्बन्धित प्रशिक्षण के लिए भी प्रयत्नशील होता है। यहाँ यदि उसे नियन्त्रण और नियमबद्ध रहना पड़ता है तब निश्चय ही उसकी सृजनात्मकता दब जाती है।

डब्लू डेनिस तथा एच. सी. लेहमैन के अनेक अध्ययनों से यह निष्कर्ष निकला है कि सृजनात्मकता लगभग तीस वर्ष की अवस्था तक अपनी चरम सीमा पर पहुँचती है, इसके बाद या तो वह स्थिर रहती है या इसमें अवनति प्रारम्भ हो जाती है।

लेहमैन (1953) का विचार है कि तीस वर्ष की आयु से पहले भी सृजनात्मकता चरम सीमा पर वातावरण कारकों के कारण पहुँच सकती है।

जे. डी. अरस्ते तथा ई. पी. टारैन्स के अध्ययनों में यह देखा गया है कि लड़कियों की अपेक्षा लड़कों में अधिक सृजनात्मकता होती है। बाल्यावस्था से आगे यह अन्तर अधिक देखा गया है। इस अन्तर का मुख्य कारण यही प्रतीत होता है कि लड़कों को अधिक स्वतन्त्रता प्राप्त होती है। यह भी देखा गया है कि बालकों को बालिकाओं की अपेक्षा अधिक प्रोत्साहन प्राप्त होता है। उन्हें पालन पोषण करने का अवसर भी अधिक मिलता है, तथा उन्हें लड़कियों की अपेक्षा कुशलता प्राप्त करने के अवसर भी अधिक प्राप्त होते हैं। इन्हीं कुछ कारणों से लड़कों में लड़कियों की अपेक्षा अधिक सृजनात्मकता पाई जाती है।

अध्ययनों में यह भी देखा गया है कि बड़े परिवारों की अपेक्षा छोटे परिवार के बच्चों में सृजनात्मकता अधिक होती है क्योंकि उन पर प्रतिबन्ध और नियन्त्रण

कम से कम होते हैं। कुछ अध्ययनों में यह भी देखा गया है कि जिन बच्चों की जन्म क्रम संख्या अन्तिम या मध्य होती है, उनमें सृजनात्मकता अधिक होती है।

अध्ययनों में यह भी पाया गया है कि उच्च सामाजिक-आर्थिक स्तर वाले बालकों में अन्य बालकों की अपेक्षा अधिक मात्रा में सृजनात्मकता होती है। इन बालकों में अधिक सृजनात्मकता होने का मुख्य कारण बालकों को अधिक साधनों का होना है।

एक अध्ययन में यह भी देखा गया कि शहरी बालकों की अपेक्षा ग्रामीण बालकों में सृजनात्मकता कम होती है। इस अध्ययन में कम सृजनात्मकता का कारण यह है कि ग्रामीण बालकों का लालन-पालन प्रभुत्वशाली वातावरण में होता है, इससे उन्हें स्वतन्त्रता कम मिलती है और साधनों का अभाव होता है। अतः इन बालकों में सृजनात्मकता का विकास अवरुद्ध हो जाता है।

बालकों के जन्मक्रम के सम्बन्ध में हुए अध्ययनों से यह स्पष्ट हुआ है कि जन्मक्रम में पहले बच्चों की अपेक्षा दूसरा और तीसरा बच्चा अधिक सृजनात्मक होता है। इसका मुख्य कारण यही प्रतीत होता है कि पहले बच्चे को सामाजिक अनुरूपता अधिक सिखाई जाती है, अतः उसमें सृजनात्मक व्यवहार की अपेक्षा सामाजिक अनुरूपता सम्बन्धी व्यवहार अधिक दिखाई देता है।

बालकों में सृजनशीलता का विकास एवं पोषण : अध्यापक का कार्य (Development and Nourishment of Creativity among Children: Role of the Teacher)

बालकों में सृजनशीलता की क्षमता व योग्यता का पता लगाने के पश्चात् यह आवश्यक है कि उसके उचित विकास व पोषण के लिए उचित अवसर व सुविधाएँ प्रदान करने के लिए विद्यालय में इस प्रकार का वातावरण प्रस्तुत किया जाए जिसमें छात्रों की सृजनशीलता को आगे बढ़ने का मौका मिले। इस दिशा में निम्न प्रयास किए जा सकते हैं:

1. जिज्ञासा की प्रवृत्ति को बढ़ाना

बालक स्वभाव से ही जिज्ञासु होता है अतः अध्यापक को चाहिए कि वह विद्यार्थियों को अधिक से अधिक प्रश्न पूछने की स्वतंत्रता और अवसर दे। साथ

ही उनके द्वारा पूछे गए प्रश्नों या शंकाओं का उचित उत्तर एवं समाधान प्रस्तुत करे।

2. रचनात्मक प्रवृत्ति को प्रोत्साहित करना

बच्चों में रचनात्मक प्रवृत्ति जन्मजात होती है। वह कुछ न कुछ बनाते-बिगाड़ते रहते हैं। अत: विद्यालय में भी बच्चों को रचनात्मक कार्यों में लगाने के लिए उचित सुविधाएँ प्रदान करनी चाहिए।

3. मौलिकता की भावना का विकास करना

अध्यापक को बच्चों में सृजनशीलता का विकास करने के लिए जो भी ज्ञान उन्हें दिया जाए, उसे वे नवीन रूप में प्रस्तुत कर सकें यही मौलिकता है।

4. मौलिकता को प्रोत्साहित करना

बच्चों के कार्य में जो भी मौलिकता हो अध्यापक उसे स्वीकार करे और उसकी प्रशंसा करे जिससे बच्चों को अपने नवीन विचार प्रस्तुत करने के लिए प्रोत्साहन मिले।

5. आत्मविश्वास में वृद्धि करना

बच्चों में सृजनशीलता का विकास करने के लिए उनमें आत्मविश्वास होना अत्यन्त आवश्यक है। अत: किसी भी नए कार्य को करने के लिए उन्हें आशावादी बनाना चाहिए जिससे वे पूरे आत्मविश्वास के साथ उस नवीन कार्य में पूरी लग्न में जुट सकें।

6. कार्य के प्रति सकारात्मक दृष्टिकोण का विकास करना

सभी कार्य समान हैं। कोई भी कार्य अपने आप में छोटा या बड़ा नहीं होता है। अध्यापक को बच्चों में कार्य के प्रति इसी प्रकार का सकारात्मक दृष्टिकोण विकसित करने का प्रयत्न करना चाहिए।

7. सृजनात्मक्ता अभिव्यक्ति के अवसर प्रदान करना

कक्षा में चित्र, चार्ट आदि बनवाकर लगवाना, हस्तनिर्मित वस्तुओं की प्रदर्शनी का आयोजन, बुलेटिन बोर्ड या विद्यालय पत्रिका की व्यवस्था, संग्रहालय, वाद विवाद, आदि विभिन्न पाठ्यक्रम सहगामी क्रियाओं का आयोजन आदि कार्यक्रम छात्रों को अपनी-अपनी सृजनात्मक योग्यता को प्रदर्शित करने के अवसर प्रदान करते हैं। अतः अध्यापक को विद्यालय में इन क्रियाओं एवं कार्यक्रमों का आयोजन करना चाहिए।

8. अभिप्रेरणा देना

बच्चों को उनकी रुचि एवं योग्यता के अनुसार सृजनशील कार्यों में लगने के लिए अभिप्रेरणा देनी चाहिए।

9. पुरस्कार तथा प्रशंसा का प्रयोग करना

बालकों द्वारा प्रदर्शित किए गए नवीन विचार, नवीन पदार्थ एवं नवीन क्रियाओं यदि अध्यापकों एवं अभिभावकों द्वारा प्रशंसित किए जाते हैं तो इससे उन्हें और भी अच्छा कार्य करने के लिए प्रोत्साहन मिलता है।

10. अनुकूल व्यवहारजन्य आदतों को विकसित करना

सृजनशीलता के विकास के लिए बच्चों में कुछ स्वस्थ व्यवहारजन्य आदतों का होना भी आवश्यक है। जैसे: परिश्रम, लगन, निर्भयता, विनोदप्रियता, सहनशीलता आदि। इस प्रकार की आदतों का अध्यापक को बालक में विकास करना चाहिए।

11. विशेष शिवरों का अयोजन करना

सृजनात्मक छात्रों के लिए विशेष शिवरों का आयोजन किया जाए; जिनमें विशेषज्ञ व्यक्तियों को आमन्त्रित किया जाए तथा उनके विचार तथा कार्य जानने के अवसर दिए जाएँ।

12. समुदाय में उपलब्ध क्रियात्मक सृजनात्मक स्थितियों का उपयोग करना

समुदाय में विभिन्न क्षेत्रों में उत्कृष्टता से युक्त अनेक व्यक्ति होते हैं। उन्हें समय-समय पर स्कूल में आमन्त्रित किया जाए।

13. छात्रवृत्तियों तथा अन्य सुविधाओं का प्रावधान करना

राष्ट्रीय, राज्य तथा स्कूल स्तर पर छात्रों में सृजनात्मकता के विकास के लिए विभिन्न प्रकार की सुविधाएँ प्रदान की जाएँ। आवश्यकतानुसार फीस से भी उन्हें मुक्त किया जाए।

14. शैक्षिक भ्रमण यात्राएँ

सृजनात्मक छात्रों को महत्वपूर्ण वैज्ञानिक, औद्योगिक तथा अनुसन्धान आदि स्थानों पर ले जाया जाए।

15. विशेष क्विज (Quiz) आदि का आयोजन करना

विभिन्न विषयों पर क्विज आयोजित किए जाएँ। क्विज-आयोजन से पहले छात्रों को तैयारी का अवसर अवश्य दिया जाए।

16. विशेष शिक्षा तकनीकें

भूमिका अदा करना (Role Playing), खेल तकनीक (Games Technique) तथा मस्तिष्क उद्वेलन (Brain Storming) आदि तकनीकों का आयोजन किया जाए।

17. अध्यापक का स्वयं सृजनात्मक होना तथा इसमें रुचि लेना

जहां तक सम्भव हो अध्यापक अपने में सृजनात्मकता का विकास करे तथा छात्रों में सृजनात्मकता के विकास में रुचि ले।

18. विद्यालय का सृजनात्मक वातावरण

छात्रों में सृजनशीलता का विकास करने के लिए विद्यालय तथा कक्षा का वातावरण भी उपयुक्त होना चाहिए। इसके लिए निम्न बातों पर ध्यान देना चाहिए:

(i) विद्यालय का भौतिक तथा भावात्मक वातावरण उत्साहवर्द्धक होना चाहिए।

(ii) पाठ्यक्रम में विषयों और क्रियाओं की इस प्रकार से व्यवस्था की जाए जिससे छात्रों की सृजनशीलता को विकसित होने का अवसर मिल सके।

(iii) कक्षा-शिक्षण में अध्यापक परम्परागत शिक्षण विधियों के स्थान पर ऐसी नवीन तकनीकों को अपनाएँ जिससे छात्रों को कुछ नया करने का अवसर तथा प्रेरणा मिले।